마음을 알면 삶이 편해진다

마음을 알면 삶이 편해진다

신애자 지음

스스로의 상처를 보듬고, 이해되지 않았던 주변 사람들의
마음을 이해함으로써, 조금이나마 더 편안해지길 바랍니다.

서문 중에서

좋은땅

서문

우리는 누구나 삶의 무게를 짊어지고 살아갑니다. 과거의 상처, 현재의 고통, 그리고 미래에 대한 불안은 피해 갈 수 없는 삶의 일부입니다. 살아가면서 우리는 수많은 질문들과 마주합니다.

- "나는 왜 노력해도 안 되는 걸까?"
- "왜 나는 이렇게 외로운 걸까?"
- "관계는 왜 이렇게 어려운 걸까?"

이러한 질문들에 대한 저의 배움과 깨달음을 이 책에 담았습니다. 저 역시 살아오며 수많은 아픔과 상처를 경험했습니다. 좋은 가정에서 태어나지도 않았고, 특별히 잘난 것도 없었습니다. 부족한 외모와 환경 속에서 불안과 초조함이 저를 짓눌렀고, 수치심과 열등감도 많았습니다. 그 아픔과 수치심을 마주하고 싶지 않아서 잘난 척, 배운 척, 똑똑한 척, 있는 척하며 살았습니다. 하지만 제 내면의 아픔을 외면한 채 살다 보니, 결국 그 아픔은 더 큰 고통이 되어 삶의 곳곳에서 나타났습니다. 아픔을 직면하라는 신호처럼 말입니다.

상담을 공부하면서 제 삶은 조금씩 달라지기 시작했습니다. 많은 사람들과의 만남, 그리고 저 자신의 내면 깊은 곳에 자리한 상처와 마주하며 비로소 스스로를 이해하기 시작했습니다. 내 안에서 답을 찾을 수 없을 것 같아 불안했던 삶이 조금씩 편안해졌고, 고통 속에서도 자유로움을 느낄 수 있었습니다. 그 여정을 통해 저는 깨달았습니다. 내면의 상처를 이해하고, 내 안의 아픔과 수치를 피하지 않고 그것도 '나'라고 인정하고 받아들일 때 비로소 내 삶이 편안해진다는 것을 알았습니다.

이 책《마음을 알면 삶이 편해진다》는 저와 비슷한 혼란과 아픔 속에서 헤매고 있는 사람들에게, 제가 살면서 배운 삶의 지혜를 나누고자 하는 마음으로 시작되었습니다. 마음의 작동 원리를 이해하고, 인간관계 속에서의 갈등을 다루며, 자기 성찰과 변화의 힘을 깨닫고, 자연 속에서 삶의 지혜를 얻는 과정을 담았습니다. 이 책이 독자들에게 작은 위로와 길잡이가 되어, 내면의 평안을 찾고 자유로워질 수 있기를 진심으로 바랍니다.

1장은 우리의 마음을 이해하는 데 초점을 맞춥니다. 우리는 왜 노력에도 불구하고 한계를 느끼는지, 그 안에서 어떤 무의식이 작용하는지, 그리고 이것이 우리의 몸과 행동에 어떻게 드러나는지를 이야기합니다.

2장은 사람들과의 관계에서 생기는 갈등과 이를 해결하며 성장하는 방법을 다룹니다. 관계는 우리 삶의 필수적인 부분이지만, 그 안에서 갈등이 반복될 때 우리는 혼란에 빠지곤 합니다. 이 장에서는 관계를 보다 성숙하게 바라보고, 갈등 속에서도 성장할 수 있는 길을 제시합니다.

3장은 자기 성찰과 내면의 변화에 대해 이야기합니다. 어린 시절의 상처에서 벗어나고, 자신의 욕구와 두려움을 인식하며, 실패 속에서도 지혜를 발견하는 과정을 통해 더 나은 자신으로 변화하는 길을 제안합니다.

4장은 자연에서 얻을 수 있는 삶의 의미와 지혜를 다룹니다. 자연의 변화 속에서 우리 삶을 되돌아보고, 기다림과 수용의 가치를 배우며, 진정한 자아실현의 길로 나아가는 방법을 소개합니다.

삶의 본질은 완벽함이 아니라 균형에 있습니다. 우리는 외로움과 괴로움 사이에서, 의존과 독립 사이에서 흔들리지만, 그 흔들림 속에서 균형을 찾아갑니다. 이 책은 그런 여정을 함께 걸어가는 데 도움이 되고자 하는 저의 진심을 담았습니다.

"아, 그 사람도 아팠구나. 그래서 그랬던 거구나."

이 책을 읽으며 스스로의 상처를 보듬고, 이해되지 않았던 주변 사람들의 마음을 이해함으로써, 독자들이 조금이나마 더 편안해지길 바랍니다. 이 책이 독자의 삶에 따스한 빛이 되고, 마음속 평화로 이어지길 소망합니다. 이 책은 순서대로 읽을 필요는 없습니다. 어느 부분이든 마음에 와닿는 대로 읽으시면 좋을 것 같습니다.

끝으로, 이 책이 있기까지 저에게 가르침을 주셨던 분들과 저에게 상담받았던 많은 분들에게 진심으로 감사의 마음을 전합니다. 이분들 덕분에 제가 많이 배우고 성숙해졌습니다. 모두가 평안하시길 기도합니다.

저자 드림

(목 차)

서문 ··· 4

1장
나와 너의
마음 알기

나는 왜 이 모양일까?: 노력해도 안 된다고 느낄 때 ··· 12
변하지 않는 무의식 ··· 16
근심, 걱정의 뿌리 ··· 19
몸으로 나타나는 마음의 상처 ··· 22
드러난 문제 이면의 마음 보기 ··· 26
미루는 사람의 심리 ··· 30
물리적 힘으로 문제를 해결하려는 아이 ··· 34
집안일이 하기 싫은 전업주부 ··· 38
밤에 자주 깨고 잠을 잘 못 자는 불면증 ··· 41
늘 핑계 대는 사람 ··· 45
물건을 쌓아 두고 정리하지 못하는 심리 ··· 49
열심히 살면서도 무력감이 찾아오는 이유 ··· 54
늘 남 탓을 하는 사람의 심리 ··· 57
늘 돈이 없다고 느끼는 마음 ··· 60
늘 양보하는 사람의 심리 ··· 65
귀신을 무서워하며 악몽을 자주 꾸는 아이 ··· 68
일복, 복인가 숙명인가? ··· 71
받은 만큼 돌려주는 심리 ··· 75

	도박의 심리와 극복	⋯ 78
	자해의 심리와 극복	⋯ 81
	자책하는 마음	⋯ 84
	타인의 말에 쉽게 상처받는 심리	⋯ 87
	욱하는 마음	⋯ 90
	가스라이팅에서 벗어나지 못하는 심리	⋯ 92
	시기하는 마음, 그 깊은 뿌리	⋯ 96
2장 **나와 너의** **관계 알기**	외로움과 괴로움 사이에서	⋯ 102
	마음에 굶주린 현대사회	⋯ 106
	공생과 분리의 갈등: 의존과 독립 사이에서	⋯ 109
	안 맞는 것이 아니라 맞출 능력이 부족한 것	⋯ 114
	그리움과 외로움	⋯ 120
	관계는 좀 더 선수한 사람이 푸는 것	⋯ 125
	참는 게 아니라 말을 하는 것	⋯ 129
	착하다는 칭찬의 덫	⋯ 135
	상사와의 갈등	⋯ 139
	그 사람의 신발을 신어 보기 전에는	⋯ 144
	서로 다른 사랑의 기준	⋯ 148
	내 마음이 앞서면 보이지 않는 것	⋯ 154
	함께 웃고, 함께 우는 삶	⋯ 158
	자식에게 바라는 마음 내려놓기	⋯ 163
	부모의 잔소리	⋯ 168
	무시당하는 느낌	⋯ 174
	관계를 좀 더 쉽게 생각하는 법	⋯ 178

	눈치와 배려의 차이	… 182
	권위자에 대한 두려움의 뿌리	… 186
	어른과 다른 아이들의 세상	… 189
	상대에게 매달리거나 버리는 관계	… 192
	관심과 간섭	… 196
	가족이라는 이름으로	… 198
	물질은 풍족하지만 마음은 메마른 시대	… 201
3장 **삶의 지혜** **배우기**	극과 극, 연결된 하나	… 204
	어릴 적 상처에서 벗어나기	… 209
	내적 표상: 나를 행동하게 하는 무의식의 힘	… 214
	상처를 경험으로, 경험에서 지혜를	… 218
	두려움이 불러오는 가해자의 마음	… 222
	배운다는 것은 자유로움을 얻는 것	… 228
	내면의 목소리와 헤어질 결심	… 233
	익숙하지 않은 행복보다 익숙한 불행을 선택하는 이유	… 236
	남의 비밀을 담아낼 수 있는 내면의 그릇 키우기	… 240
	새로운 것에 도전하는 두려움	… 244
	실수나 실패를 통해서 배우는 지혜	… 247
	인정욕구를 넘어서	… 249
	투사: 내 삶의 색안경	… 252
	수치심: 부끄러움을 넘어 성장으로	… 256
	심리적 나이, 당신은 몇 살인가요?	… 259
	마음의 여유	… 264

4장
**자연에서
삶의 의미
배우기**

봄, 여름, 가을, 겨울, 그리고 우리의 인생	⋯ 268
좋음과 나쁨의 경계를 넘어: 삶을 있는 그대로 받아들이기	⋯ 272
기다릴 수 있는 힘	⋯ 276
하늘이 알고 있는 만물의 자리	⋯ 282
인생의 과제 분리	⋯ 286
인생의 고통과 시련: 자기 정체성을 찾아가는 여정	⋯ 291
자아실현: 자기 결정권을 가지고 오늘을 사는 것	⋯ 297
세상에서 가장 위대한 사람	⋯ 301
성장의 비결은 믿음과 기다림	⋯ 304
인생을 바꾸는 해석의 힘	⋯ 308
운명을 바꾸는 힘, 대상관계	⋯ 311
삶의 의미는 어디에서 오는가?	⋯ 313
자율성은 최고의 사람	⋯ 317
삶의 경계 지키기	⋯ 320
무엇이든 적당히, 균형이 답이다	⋯ 322
역할에 맞는 마음, 삶의 조화	⋯ 325
인생의 괴로움은 무지와 어리석음에서	⋯ 329
죽음 앞에서 우리가 할 수 있는 일	⋯ 333

1장

나와 너의
마음 알기

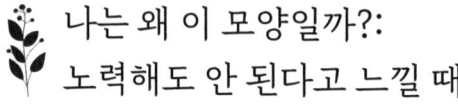
나는 왜 이 모양일까?:
노력해도 안 된다고 느낄 때

"나는 왜 이렇게 되는 게 없을까?"

"나는 왜 이렇게 사랑받지 못할까?"

"나는 왜 노력해도 안 되는 걸까?"

살다 보면 이런 질문들이 마음속 깊은 곳에서 불쑥 떠오를 때가 있습니다. 이 질문들은 단순한 불평이 아닙니다. 그 안에는 스스로를 이해하고 싶은 간절함과 변화에 대한 갈망이 담겨 있습니다. 하지만 우리는 종종 이 질문 속에서 자신을 비난하는 함정에 빠집니다.

"내가 너무 게으른 걸까?"

"내가 정말 부족한 사람인가?"

그러나 진실은 다릅니다.

우리가 스스로를 이해하지 못하고 답답함을 느끼는 이유는 우리 내면 깊숙이 자리 잡은 무의식의 소리를 듣지 못하기 때문입니다.

왜 노력해도 안 될까?

노력에도 불구하고 원하는 변화를 이루지 못할 때, 우리는 스스로를 탓하곤 합니다.

"내가 게으른가? 내가 부족한가?"

그러나 우리가 변화하지 못하는 이유는 단순히 의지나 노력의 문제가 아닙니다. 우리 안에 남아 있는 치유되지 않은 상처와 마주하지 않았기 때문입니다. 이 상처들은 어린 시절부터 무의식 속에 자리 잡은 기억과 감정에서 비롯됩니다.

사랑받지 못했던 기억, 존중받지 못했던 경험, 실패에 대한 두려움이 우리를 보이지 않는 밧줄처럼 얽어매고 있습니다. 이런 상처들은 노력만으로 극복되지 않습니다. 변화는 그 상처를 인정하고 치유하는 데서 시작됩니다.

나는 왜 이렇게 이기적일까?

때로는 스스로를 돌아보며 이렇게 자책합니다. 그러나 당신이 이기적인 것이 아닙니다. 그것은 단지 지나치게 침범당하고, 빼앗기고, 존중받지 못했던 경험들이 당신을 지키기 위해 당신을 보호하는 것입니다. 내가 더 이상 침범당하지 않으려고 내 것을 지키는 것입니다. 이 기적이라는 비난 속에서도 당신은 사실 자신을 지키기 위해 반응하고 있는 것입니다. 자신을 보호하려는 무의식적인 본능은, 오히려 당신이 그동안 얼마나 상처받았는지를 보여 줍니다. 그러니 자신을 비난하지 마세요. 당신은 그저 스스로를 지키기 위해 애써 왔던 것입니다.

"나는 왜 이렇게 사랑이 없고 차가울까? 나는 왜 사람들을 밀어낼까?"

이 질문 속에는 사랑받고 싶고, 사랑하고 싶어 하는 마음이 담겨 있습니다. 단지 사랑을 어떻게 표현하는지 배우지 못했기 때문입니다. 그동안 충분히 사랑과 존중을 경험하지 못했다면, 내 안의 사랑을 표현하는 것이 낯설고 어려울 수 있습니다. 사랑을 표현하지 못한다고 해서 당신이 사랑 없는 사람은 아닙니다. 당신은 지금도 사랑하고 싶어 하고, 사랑받고 싶어 하는 사람입니다. 다만, 내면의 상처가 먼저 치유되기를 기다리고 있는 것입니다. 사람들과 관계를 맺는 것이 어렵고, 누군가와 거리를 두고 싶을 때 우리는 스스로를 냉정하고 차가운 사람이라 여기기 쉽습니다. 하지만 그것은 당신의 성격이 차가워서가 아닙니다. 과거의 실망과 배신, 관계 속 상처들이 여전히 당신을 보호하려고 하는 것입니다. 사람들을 밀어내는 것이 아니라, 스스로를 보호하려는 무의식적인 반응일 뿐입니다.

나는 왜 이 모양일까?

"나는 왜 이 모양일까?"라는 질문은 단순한 불평이 아닙니다. 그 속에는 자신을 이해하고 싶고, 치유되고 싶어 하는 마음이 담겨 있습니다. 이 질문을 던지는 순간, 당신은 이미 변화와 회복의 여정을 시작한 것입니다.

스스로를 비난하기 전에 이렇게 말해 보세요.

- "내가 잘못된 것이 아니라, 내가 아팠던 것이다."
- "내가 부족한 것이 아니라, 내가 버거웠던 것이다."
- "나는 충분히 노력하고 있다. 다만, 내 안의 상처가 나를 잠시 멈추게 했을 뿐이다."

지금의 나도 괜찮습니다. 우리는 누구나 완벽하지 않습니다. 그리고 완벽할 필요도 없습니다. 지금의 당신으로도 충분히 소중하고 가치 있는 사람입니다. 지금 모습 그대로도 괜찮습니다.

당신이 지금 힘들었던 이유는 치유되지 않은 상처와 그로 인한 무의식적인 반응 때문입니다. 그러니 이제는 스스로를 비난하지 말고, 상처를 보듬어 주세요. 문제아동이나 문제부모, 사람들이 문제가 있는 것이 아니라 힘든 경험과 상처가 있을 뿐입니다. 힘든 경험과 상처가 치유되면 마음이 편해지실 겁니다.

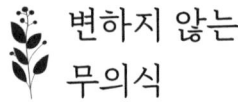# 변하지 않는 무의식

"초등학교 때 아버지가 저의 뺨을 때렸는데, 지금도 힘들고 스트레스가 생기면 그 기억이 떠올라 괴로워요."

이렇게 사람들은 어릴 적 상처가 변하지 않고 떠올라 괴롭습니다.

세월이 흐르면서 많은 것들이 변합니다. 꽃이 피고 지고, 계절이 변하고, 아이들은 자라납니다. 우리의 얼굴에 주름이 생기고, 삶의 모습이 조금씩 달라지며 시간의 흐름을 피부로 느끼게 됩니다.

그러나 이상하게도, 어릴 적 받았던 상처는 시간이 흘러도 낡거나 흐려지지 않습니다. 마치 시간이 그 기억 주위만 피해 가는 것처럼, 그 상처는 여전히 선명하고, 여전히 아픕니다.

무의식에 갇힌 시간

우리의 마음은 신기한 방식으로 작동합니다. 의식적으로는 지나간 일을 잊었다고 생각해도, 무의식 속에는 그 기억이 고스란히 남아 있습니다. 특히 강렬한 상처나 트라우마는 시간이 흘러도 무의식 속에서 그 날의 감정과 아픔을 고스란히 간직하고 있습니다. 때로는 잘 살다가도 그 상처와 비슷한 상황에 처하면, 순식간에 수십 년 전의 그 순간으로 되돌아가 그때 느꼈던 고통과 분노를 다시 경험하게 됩니다. 마치 과거의 그 장면이 현재로 돌진해 와 우리를 사로잡는 것처럼 느껴지죠.

무의식은 무시간성의 특성을 가집니다. 무의식 속 상처는 시간이 흐르지 않습니다. 그 기억은 살아 있는 듯 생생하게 남아 우리 삶에 영향을 미칩니다.

왜 우리는 상처를 흘려보내지 못했을까?

어린 시절, 누군가에게 받은 상처를 마음속에 묻어 두었다는 것은 그 상처를 말할 믿음직한 대상이 없었음을 의미합니다.

어쩌면 그때, 이렇게 말하고 싶었을지도 모릅니다. "아빠, 저는 너무 아파요. 왜 저를 때리셨어요?" 하지만 말할 수 없었습니다. 그 감정을 알아줄 어른도 없었고, 말한다 해도 공감받지 못할 거라는 두려움이 있었기 때문입니다.

이렇게 마음속 깊이 묻어 둔 상처는 해리되어 무의식 속에 남게 됩니다. 그리고 흘러가지 못한 감정은 시간이 지나도 우리를 괴롭힙니다.

상처를 흘려보내는 방법

그렇다면 우리는 이 고통과 상처를 평생 안고 살아야만 하는 걸까요? 아닙니다. 상처는 흘러갈 수 있습니다. 흐르지 못한 물줄기를 다시 흐르게 할 수 있는 것처럼, 무의식 속 상처도 공감을 통해 치유될 수 있습니다. 상처는 무의식 속에 묻어 두지 않고, 의식의 빛 아래로 꺼내야 흘러갑니다. 믿을 수 있는 사람에게, 혹은 상담가에게 그 상처를 털어놓으세요. 따뜻한 공감을 통해 당신의 이야기는 더 이상 고여 있지 않을 것입니다. 만약 누군가에게 말할 수 없다면, 스스로 자신의 이야기를 들어 주세요. 그때의 나에게 이렇게 말해 주세요. "그때 정말 많이 아팠겠구나. 정말 힘들었겠다. 그래도 이렇게 잘 버텨 왔어. 정말 대단해."

그리고 말해 줍니다. "그 상처는 과거의 일이야. 나는 지금 안전하고 괜찮아." 과거와 현재를 분리하는 연습을 통해, 무의식이 현재의 삶에 미치는 영향을 줄일 수 있습니다.

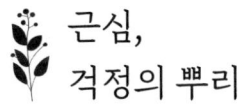 # 근심, 걱정의 뿌리

"걱정과 근심이 끊이지 않아요. 밤새 뒤척이며 걱정을 하고, 하루 종일 불안한 마음에서 벗어나지 못해요."

걱정과 근심이 쌓이면, 세상은 끝없는 부담과 무거운 짐으로 다가옵니다. 불안과 두려움이 마음을 짓누르며, 삶의 모든 순간이 공포로 물들게 됩니다. 하지만 걱정의 뿌리를 들여다보면 그 속에는 자신에 대한 '믿음과 지지의 부재'가 자리하고 있습니다.

자신에 대한 믿음의 부재

우리의 마음은 믿고 의지할 대상을 필요로 합니다. 믿음의 기반이 없을 때 세상은 낯설고 두려운 곳이 되고, 걱정과 근심은 끝없이 쌓이게 됩니다. 걱정, 근심이 많은 사람은 그리고 불안한 사람은 자기에 대한 확신, 즉 자기에 대한 믿음이 없는 사람입니다. 무슨 일이 일어나도 내가 뭔가 할 수 있다는 믿음이 있으면 덜 불안합니다. 그런데 자기에 대한 믿음이 없으니 불안합니다. 그럼 왜 이렇게 자신에 대한 믿음이 없을까요?

믿어 준 대상의 부재

누군가 온전히 자신을 믿어 준 대상이 없었기 때문입니다. 무엇을 할 때 믿어 주고 기다려 준 어른이 없었다는 것입니다. 믿음을 받아 본 적이 없기에 자신을 믿을 수 없는 것입니다. 걱정과 근심에서 벗어나기 위해 필요한 것은 '믿음'과 '신뢰'입니다. 믿음은 자신을, 그리고 타인을 있는 그대로 받아들이고 기다릴 수 있는 힘을 줍니다. 아무도 나를 믿어 주지 않았던 순간이 있었다면, 이제는 내가 나를 믿는 순간을 만들어야 합니다. 내가 살아오면서 한 일들을 생각해 보세요. 내가 지금까지 살아왔다는 사실은 나는 이미 힘든 세월을 살아온 사람이라는 뜻입니다. 그렇게 또 살아갈 수 있는 자원이 있다는 것입니다. 충분히 강한 사람입니다. 내가 가진 잠재력을 믿어 보세요.

걱정을 해소하는 방법

내 머릿속에서 끊임없이 떠오르는 걱정을 종이 위에 적어 보세요. 우리가 밤에 창문에 무엇인가 어른거리면 불안한데 실체를 알고 나면 안심이 되듯, 걱정을 눈으로 확인하면 그 실체가 작게 느껴질 수 있습니다. 그리고 그것에 질문을 던져 봅니다.

"내가 지금 걱정하는 일이 실제로 일어날 가능성이 얼마나 될까?"
"이 일이 정말 최악으로 치닫는다면, 어떤 일이 일어날까?"

"내가 걱정하는 일이 주변에서 일어나고 있는가?"

"신문이나 뉴스에서 본 일이 무엇 때문에 나한테 일어날 것이라고 생각하는가? 실제 그런 일들이 많았는가?"

"세상이 내가 생각하는 것만큼 그렇게 무서운 곳인가?"

내가 나를 믿고, 타인을 믿고 기다릴 수 있다면, 걱정은 서서히 힘을 잃게 될 것입니다. 스스로를 믿어 주세요. 당신은 이미 여기까지 오느라 충분히 애썼습니다. 그리고 당신은, 앞으로도 잘해 나갈 것입니다.

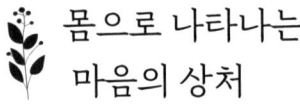
몸으로 나타나는
마음의 상처

"오늘 내가 울지 않으면 내 몸이 대신 운다."

어릴 적부터 잔병치레를 많이 하고 자라는 사람이 있습니다. 어릴 적 잔병치레가 많았다는 것은 단순히 몸이 약했다는 의미를 넘어, 마음이 아팠던 시간들이 많았다는 것을 의미합니다. 몸과 마음은 하나로 연결되어 있습니다. 내 마음의 상처와 억압이 제때 흘러가지 못하면, 결국 몸이 그 고통을 대신 느끼고 표현하게 됩니다.

병원에서 '신경성 위염'이나 '신경성 장염'이라는 진단을 받을 때, 그 '신경성'이라는 말은 마음의 병이 몸으로 나타났음을 뜻합니다. 마음의 고통이 물질화되어 몸에 병으로 드러나는 것입니다.

너무 피곤한 사람이 스스로 휴식을 거부할 때, 몸은 갑상선 질환을 통해 강제로 그를 쉬게 만듭니다. 자기 자신을 경멸하고 부정하는 사람들은 바이러스 같은 외부 침입에 더 쉽게 노출됩니다.

"그렇지 뭐, 나는 원래 이런 운명이야." "내가 잘되겠어? 뭘 하든 망하겠지." 이런 자기 경멸적인 태도는 면역력을 떨어뜨리고, 질병을 초대하는 문을 엽니다. 갱년기에 느껴지는 열기도 단순히 나이 탓만은 아닙니다. 오랜 시간 억눌렀던 화와 감정들이 몸을 통해 터져 나오는 신호입니다.

마음의 방역이 중요하다

몸이 건강하려면 물리적 방역만큼이나 심리적 방역도 중요합니다. 바이러스와 변이처럼 외부 요인은 우리가 통제하기 어렵지만, 마음의 면역력은 스스로 키울 수 있습니다. 마음의 면역력은 자기 존중에서 시작됩니다. 스스로를 낮추고 무가치하게 여기는 태도에서 벗어나야 합니다. 나를 사랑하고, 내 마음을 돌보는 것이 몸의 건강을 지키는 첫 걸음입니다.

억압된 감정이 병이 되기까지

현대 사회는 우리에게 너무 많은 '척'을 요구합니다. 괜찮은 척, 아는 척, 잘난 척, 센 척, 건강한 척…. 이 모든 '척'들은 감정을 억압하고 눌러 두게 만듭니다.

억눌린 감정은 사라지지 않습니다. 그것은 내면의 깊은 곳에서 자라다가 어느 날 갑자기 폭발하거나, 몸으로 고통을 표현하며 나타납니다.

이렇게 억압된 감정은 번아웃, 우울증, 그리고 다양한 질병의 원인이 됩니다. 억압의 힘만큼 분노와 두려움이 치솟고, 그 힘을 몸이 받아내며 더 깊은 병으로 이어지는 것입니다.

내 마음을 흘려보내기

건강한 몸과 마음을 유지하려면 억눌린 감정들을 제때 흘려보내는 연습이 필요합니다. 우리는 어릴 적부터 '참으라'는 가르침을 많이 받았습니다. 하지만 참기만 하다 보면, 그 감정은 결국 몸을 통해 터져 나옵니다.

울어야 할 때 울고, 화가 날 때 소리치고, 기도를 하거나 노래를 부르며 마음을 풀어내야 합니다. 감정은 억눌러 두기보다 그때그때 해소하는 것이 중요합니다. 미운 마음이 올라올 때도 내가 미워하는 마음을 인정하고 받아들여야 합니다. 유치한 게임을 하거나, 친구들과 수다를 떨어도 좋습니다. 작은 행동을 통해 마음의 응어리진 부분을 풀어내어야 합니다. 특히 말을 하는 것은 마음의 막힌 곳을 뚫어 주는 훌륭한 치료제입니다. 몸의 근육이 뭉치면 스트레칭을 하고 물리치료를 받듯이 마음의 응어리는 말을 해서 풀어내야 합니다.

자기 존중이 치유의 시작

몸과 마음은 연결되어 있습니다. 내가 나를 사랑하지 않고 존중하지 않으면, 그 상처는 몸으로 고스란히 나타납니다. 그래서 스스로를 경멸하지 말아야 합니다. '나에게 무슨 좋은 일이 생기겠어.'라는 생각을 버리고, "나는 충분히 괜찮은 사람이다."라고 자신에게 말해 보세요. 나를 사랑하고, 나를 위로하며, 스스로에게 따뜻한 격려를 보내는 것이 몸과 마음의 건강을 지키는 첫걸음입니다.

건강은 마음에서 시작된다

오늘 내가 울어야 할 울음을 울어 내세요. 내 감정을 억누르지 않고 흘려보내며, 심리적인 막힘을 해소하면 몸도 편안해집니다. 그때 내 몸의 장기들은 울음을 멈추고, 대신 내 마음속에 맑고 순환하는 에너지가 돌아오게 될 것입니다. 병도 만들어 낼 만큼 마음은 강력한 힘을 지닙니다. 마음을 돌보며 내 마음의 소리를 들을 수 있어야 합니다.

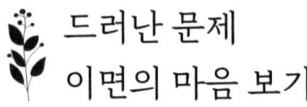
드러난 문제
이면의 마음 보기

"저 사람이 방문을 닫고 들어가니 도대체 저 사람 마음을 모르겠어요." 많은 사람들이 관계에서 이런 어려움을 토로합니다. 우리는 대개 말을 해야 상대의 마음을 알 수 있다고 생각합니다. 말을 하지 않으니 그 속을 알 수 없다고도 합니다. 하지만 행동도 말입니다. 행동도 의사소통입니다. 물건을 던지는 아이는 "내가 화났어요."라고 말하고 있는 겁니다. 수업시간에 돌아다니는 아이는 "나는 자유롭고 싶어요. 내 마음대로 하고 싶어요."라는 메시지를 보내고 있습니다. 방문을 닫고 말을 하지 않는 사람은 "나는 지금 말하고 싶지 않아요. 나 힘들어요. 좀 기다려 주세요."라고 표현하고 있는 겁니다.

아이들이 말하지 않는 이유

많은 아이들이 자신의 힘든 얘기를 엄마에게 말하지 못합니다. 그 이유는 여러 가지입니다. 말했을 때 좋은 경험이 적어서, 혹은 아이가 엄마에게 마음을 털어놨던 순간, 엄마가 화를 내거나 혼을 냈던 기억이 있다면, 아이는 더 이상 자신의 마음을 말하지 않으려 할 것입니다.

때로는 말해도 소용없었던 경험이 있다면 '말해도 아무 소용이 없구나.'라는 무력감을 남깁니다. 그러나 그것보다 더 많은 이유가 엄마가 힘들어하고 속상해할까 봐, 혹은 내 얘기를 귀찮아할까 봐 힘든 얘기를 못 하기도 합니다. 많은 아이들은 엄마가 힘들고 약하다고 느낄 때, 자신의 고민을 말하지 않습니다. "이 말을 하면 엄마가 속상해할 거야. 엄마가 더 힘들어질 거야." 아이는 엄마를 힘들게 하고 싶지 않아서 자신의 마음을 묻어 둡니다. 이것이 바로 아이들의 따뜻한 마음입니다. 그 마음을 알아주는 부모가 있다면, 아이들에게 그것은 큰 위로와 힘이 될 것입니다.

아이들뿐 아니라 모든 사람의 행동에는 이유가 있습니다. 그 행동 뒤에는 항상 보이지 않는 마음이 숨어 있습니다.

예를 들어, 아내가 돈이 생길 때마다 남편의 옷을 사다 주며 돈을 펑펑 쓴다면, 남편은 아내의 소비를 문제로 여길 수 있습니다. "왜 이렇게 돈을 아껴 쓰지 못하는 거야?" 하지만 돈을 쓰는 아내의 행동 이면에는 '남편에게 사랑을 주고 싶다.', '내 사랑이 받아들여졌으면 좋겠다.'는 마음이 숨어 있을 수 있습니다.

겉으로는 돈에 대한 문제로 보이지만, 그 깊은 곳에는 사랑을 표현하고 싶은 마음일 수 있습니다. 옷 이야기가 아니라, 사랑을 주고받고 싶은 간절한 마음의 이야기인 것입니다.

드러난 상대방의 행동 뒤에 숨어 있는 마음을 볼 수 있다면 얼마나 좋을까요?

이 행동은 어떤 말을 대신하고 있을까? 이 행동 이면에는 어떤 마음이 숨어 있을까?

사람들은 항상 말로만 의사소통하지 않습니다. 우리는 종종 겉으로 드러난 문제에만 집중하느라 그 뒤에 숨어 있는 마음을 놓칩니다.

- 아이가 말하지 않는 것이 나를 무시해서가 아니라 힘들게 하고 싶지 않기 때문일 수도 있습니다.
- 누군가 자꾸 나에게 무엇인가를 주는 것에는 자신도 이렇게 받고 싶은 마음이 있습니다. 사랑을 표현하고 받고 싶은 간절한 시도일 수 있습니다.
- 친구의 짜증 섞인 말은 나한테 화를 내는 것이 아니라 사실은 '나를 좀 더 알아달라.'는 외침일 수 있습니다.

이처럼, 드러난 문제의 이면에는 마음이 숨어 있습니다. 그 마음을 보려고 노력할 때, 우리는 더 깊이 연결되고, 더 따뜻한 관계를 만들 수 있습니다.

지금 내가 하는 행동의 이면에 자리 잡은 내 마음은 무엇인가?

- 내가 사랑을 주는 이유는 내가 사랑받고 싶은 마음이 크기 때문

일 수 있습니다.
- 내가 희생을 선택하는 이유는 나도 누군가에게 의지하고 싶기 때문일 수 있습니다.
- 내가 사람들을 밀어내는 이유는 내가 그들에게 더 가까이 다가가고 싶은데 상처받을까봐 두렵기 때문일 수도 있습니다.

마음을 읽으려는 노력은 내가 사랑하는 사람을 더 잘 이해하고, 더 깊이 연결될 수 있는 첫걸음이 될 것입니다. 상대를 이해하고자 하는 마음 이전에 내 마음을 먼저 본다면 상대에게 덜 서운하고 조금 더 마음이 편해질 수 있습니다.

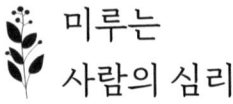
미루는 사람의 심리

"일을 계속 미루고 미루다가 막바지가 되어야 겨우 해요."

많은 사람들이 공감하는 이야기입니다. 미루는 습관은 단순히 게으름 때문이 아닙니다. 그 이면에는 심리적 원인, 감정적 패턴, 그리고 내면의 상처가 숨어 있습니다.

미루는 사람들의 특징

미루는 사람들 중에는 완벽주의 성향을 가진 이들이 많습니다. '완벽하게 해내야 한다.'는 압박감에 시작을 망설입니다. 실수에 대한 두려움, 자신이 부족하게 보일까 하는 걱정은 오히려 발목을 잡습니다. '완벽하게 하지 못할 거라면 차라리 시작하지 않겠다.'는 심리가 작용해 결국 일을 미루게 됩니다.

또 어떤 사람들은 성공 뒤에 따라올 더 큰 기대와 책임을 무의식적으로 두려워합니다. 일을 끝내지 않으면, '더 잘해야 한다.'는 부담에서 벗어날 수 있기 때문입니다. 반대로 즉각적인 보상이 없는 일에 집중하지 못하거나, 압박감이 있을 때 더 잘한다고 믿는 사람들도 있습니다. 이런 사람들은 막판 스퍼트를 통해 성취감을 얻으려 하며, 의도적으로 일을 미루는 경우도 있습니다. 미루어도 해낼 자신감이 있다고 생각할 수 있습니다.

하지만 일을 미루는 것이 늘 긍정적인 결과를 가져오지는 않습니다. 압박감 속에서 초조함과 스트레스를 느끼며 일을 끝내는 것은 결국 자신을 괴롭히는 행동이 됩니다.

미루기의 내면적 원인

미루기의 깊은 뿌리는 어린 시절의 경험에서 비롯될 수 있습니다. 잦은 잔소리와 강요를 받으며 자란 사람들은 무의식적으로 '혼나야만' 움직이는 패턴을 형성하기도 합니다. 스스로 선택한 일이 아니라, 타인의 기대와 강요로 인해 행동했기 때문에 자율적 동기가 부족한 상태로 자라납니다. 이런 경험은 자신을 괴롭히는 미루기 패턴으로 이어집니다.

완벽주의 역시 미루기의 중요한 원인입니다. '내가 부족한 사람으로 보이는 것이 두렵다.'는 마음에서 비롯된 완벽주의는 자신을 보호하려는 시도이지만, 오히려 자신을 더 큰 압박 속으로 몰아넣습니다. 미루기를 반복하며 스스로를 비난하고, 자기 가치를 의심하게 됩니다.

결국 미루면서 계속 괴로워하게 되니 자기 학대입니다. 산뜻하게 자신에게 좋은 걸 주지 않는 것입니다. 빨리하고 나면 마음이 후련하고 시원한데 그렇게 자신에게 시원하고 산뜻한 느낌을 주지 않는 것입니다. 그러면서 미루는 자신을 미워합니다. 누군가 자신을 괴롭히고 미워하지 않으니 자신이 그런 행동을 하는 것입니다. 결국 미루고 미루어서 자신이 무가치하고 한심하다는 느낌을 갖습니다. 그러니 누군가 예전에 미루었을 때 잔소리하고 괴롭게 한 사람이 있었다는 것입니다. 이제 그런 사람이 없는데 스스로 그렇게 자신을 괴롭히고 있는 것입니다. 자신을 괴롭히지 말아야 합니다.

미루기를 멈추는 법

1. 작은 목표부터 시작하기: 일을 시작할 시점과 끝낼 시점을 명확히 정하고, 작은 목표를 세워 실천하세요. 스스로 선택한 목표를 이루며 성취감을 경험하는 것이 중요합니다.
2. 완벽함 대신 진전을 선택하기: '완벽하지 않아도 괜찮아. 할 수 있는 만큼 하는 게 중요해.'라는 태도로 접근하세요. 한 걸음씩 나아가며 진전을 이루는 경험은 미루는 습관을 극복하는 데 큰 도움이 됩니다.
3. 자기 비난 대신 응원하기: '왜 또 미뤘을까?'라는 자책 대신, '지금이라도 시작했으니 잘하고 있어.'라고 스스로를 응원하세요. 자기 자신에게 너그럽게 대하는 태도가 필요합니다.

성장으로 나아가기

　미루기는 단순히 행동의 문제가 아니라, 내면의 불안과 상처, 완벽주의에서 비롯됩니다. 이를 극복하려면 "나는 부족해도 괜찮아", "지금의 나도 충분히 괜찮아"라고 스스로에게 말하며 자기 수용을 시작해야 합니다. 미루기를 멈추고 스스로에게 너그러워지는 순간, 새로운 성취의 기쁨과 삶의 가벼움을 느낄 수 있을 것입니다. 자신을 시원하고 산뜻하게 해 주면 어떨까요?

물리적 힘으로
문제를 해결하려는 아이

"유치원 때까지는 잘 지냈는데, 초등학교에 들어가고 나서 친구들을 때리고 밀친다는 얘기를 담임선생님에게 들었어요. 속상하고 어떻게 해야 할지 모르겠어요."

초등학교에 입학하면서 부모들이 아이의 행동 문제로 상담을 받는 일이 많아집니다. 유치원에서는 선생님들이 아이를 세심하게 보호해 주었다면, 학교는 보다 독립적인 사회로서 아이가 스스로 관계를 만들어 가야 합니다. 이 과정에서 아이는 친구와 갈등을 겪거나, 때로는 부적절한 방식으로 문제를 해결하려고 할 수 있습니다.

왜 아이는 힘으로 문제를 해결하려 할까?

아이가 '관계는 힘으로 해결하는 것'이라고 배우는 이유는 어린 시절의 환경과 경험 속에서 무의식적으로 형성된 믿음 때문입니다. 아이가 가정에서 힘을 사용하는 모습을 자주 보았다면, '강한 사람이 이긴다.'는 무의식적인 규칙을 배웠을 가능성이 큽니다. 부모가 아이를 체벌하거나, 큰 소리로 잔소리하며 아이를 통제했다면, 아이는 '힘이 관계에서 통하는 방식'이라고 생각할 수 있습니다. 약자는 맞고 강자는 때린다는 학습을 하게 됩니다. 아이가 맞는 경험을 통해 '약한 사람은 맞아야 한다.'는 부정적인 메시지를 내면화했을 수 있습니다. 이로 인해 아이는 자신이 강한 입장에 있을 때, 힘으로 상대를 제압하려는 경향을 보입니다.

아이는 감정을 적절히 표현하고 해결하는 방법을 아직 배우지 못했습니다. 그래서 화가 나거나 좌절했을 때, 본능적으로 힘을 사용하여 문제를 해결하려 합니다.

힘을 사용하는 행동이 관계에 미치는 영향

힘은 관계에서 사용할 도구가 아닙니다. 힘으로 상대를 제압하려 하면 관계는 깨지고 멀어질 수밖에 없습니다. 다음은 힘을 사용했을 때 생길 수 있는 부정적인 결과들입니다. 아이는 자신의 힘을 조절했다고 생각할 수 있지만, 상대방은 그 힘을 훨씬 더 강하게 느낄 수 있습니다. 특히, 상대가 몸이 약하거나 예민한 상태라면 작은 충격도 큰 고통으로 다가올 수 있습니다.

힘을 사용하면 상대방은 두려움이나 불편함을 느끼게 되고, 그 결과 아이는 친구와의 관계를 잃게 됩니다. 문제 해결을 위해 힘을 사용하는 것이 반복되면, 아이는 점점 더 폭력적인 방식에 의존하게 됩니다. 이는 성장하면서 더 큰 사회적 문제를 일으킬 수 있습니다.

올바른 관계 방식을 가르치기

부모는 아이에게 힘의 사용과 관계의 중요성을 가르치는 첫 번째 선생님입니다. 다음은 아이가 힘이 아닌 대화와 공감으로 관계를 형성하도록 돕는 방법입니다.

힘을 언제 사용하는지 알려 주어야 합니다. 힘은 '보호를 위해 사용하는 것'이라는 개념을 가르쳐야 합니다. 힘은 나라를 지킬 때, 약한 사람을 도와줄 때, 자신과 타인을 방어할 때 이런 상황에서 힘을 사용하는 것은 정당하다고 알려 주어야 합니다. 하지만 관계에서는 힘이 아닌 대화와 공감이 필요하다고 가르쳐 주어야 합니다.

긍정적인 관계 모델 보여 주기

부모가 아이와의 관계에서 힘을 사용하는 대신, 긍정적이고 따뜻한 대화를 보여 주어야 합니다. 어릴수록 부드럽게 말해 주어야 하고 아이의 감정을 들어 주며 아이의 행동을 비난하지 않고 행동에 대해 말해 주어야 합니다. 부모가 이런 관계의 모범을 보이면, 아이는 자연스럽게 같은 방식을 배우게 됩니다. 아이가 힘으로 문제를 해결하려는 행동은 아직 관계를 맺는 방법을 배우지 못했기 때문입니다. 부모는 아이에게 이러한 기술을 가르칠 책임이 있습니다. 단, 이를 위해서는 먼저 부모 자신이 잔소리나 체벌 대신, 대화와 공감을 사용하는 노력을 해야 합니다.

너는 무엇이 힘들었을까?

"친구와 다툰 일이 있었구나. 어떤 일이 있었는지 이야기해 줄래?" 이런 질문들은 아이의 마음을 열고, 더 건강한 방식으로 관계를 맺도록 도와줍니다.

부모는 아이가 초등학교에서 친구들과의 관계에서 겪는 문제를 좌절이 아닌 성장의 기회로 삼고 관계를 다시 배우도록 해야 합니다. 이 시기는 아이가 사회적 관계의 기본을 배우는 중요한 시기입니다. 부모는 자녀와 대화하는 방식이나 관계 맺는 방식을 일방적이 아닌 상호 존중하는 방식으로 바꿔야 합니다.

"힘은 관계를 파괴하지만, 공감과 대화는 관계를 빛나게 합니다."

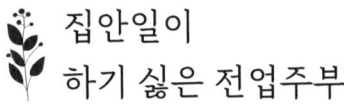
집안일이
하기 싫은 전업주부

"제가 전업주부이니까 빨래도, 청소도 해야 한다고 생각하지만, 도무지 손이 안 가요. 사실, 남편이 다 해 줬으면 좋겠어요. 집안일이 힘들어요."

많은 전업주부들이 집안일을 마치 숙제처럼 느끼며, 못 하면 자책감에 시달릴 때가 있습니다. 해야 한다는 의무감은 있지만, 몸이 움직이지 않고, 일이 손에 잡히지 않는 날들. 혹시 이런 감정을 경험하고 있다면, 그 이유는 단순히 게으름 때문이 아닙니다.

집안일이 하기 싫은 이유는 마음이 지쳐 있기 때문입니다. 지금 상황은 힘들지 않을 수 있지만 과거의 힘들었던 경험, 결혼 후 쌓여 온 억눌린 감정, 화려하고 자유로운 삶을 꿈꿨던 나와 현재의 내 모습 사이의 간극, 이 모든 것이 마음속에 커다란 돌덩이처럼 자리 잡고 있는 겁니다.

마음을 누르는 돌덩이

마음에 큰 돌덩이가 얹혀 있다면, 눈앞에 해야 할 일이 보이지 않을 겁니다. 아무리 의식적으로는 '해야지.' 생각해도 몸과 마음은 반응하지 않습니다.

　돌덩이에 눌린 상태에서는 '집안일을 해야지.'라는 생각보다 '누가 이 돌을 좀 치워 줬으면 좋겠다.'는 마음이 더 큽니다. 이 돌덩이는 내가 힘들었던 삶의 이야기, 누구에게도 말하지 못한 억눌린 감정들로 이루어져 있습니다.

억눌린 감정이 만들어 낸 마음의 상태

　전업주부로서 아이를 키우고 가정을 돌보며 끊임없는 의무와 책임을 짊어진 삶 속에서, 우리는 때로 '내가 아닌 것 같은 삶'을 살아가고 있습니다. 결혼 전에는 화려하고 자유로운 삶을 꿈꿨지만, 결혼 후에는 가사와 육아의 무게 속에서 나 자신을 잃어버린 것 같은 느낌이 들기도 합니다. 이 억눌림과 좌절이 쌓이면, 자연스럽게 '아무것도 하고 싶지 않은 상태'에 빠지게 됩니다. 그것은 단순한 나태함이 아니라, 내 마음이 너무 지쳐서 신호를 보내고 있는 것입니다.

마음의 공간이 필요하다

　지금 당신에게 필요한 것은 일을 해야 한다는 압박이 아니라, 쉼과 공감입니다. 누군가가 내 이야기를 들어 주는 것이 필요합니다. 마음

속에 억눌린 감정과 상처들을 꺼내어 놓고 누군가에게 들어달라고 요청하세요. 공감받고 인정받는 과정에서, 마음의 돌덩이가 조금씩 가벼워질 것입니다. 돌덩이가 조금씩 치워지면, 그 자리에 여유와 공간이 생깁니다. 그제야 집안일도, 해야 할 책임도 서서히 눈에 들어오기 시작할 겁니다. 자신에게 "왜 나는 이걸 못 할까?"라고 자책하지 마세요.

마음이 지쳤을 때는 쉬어 가야 한다

집안일을 미룬다고 해서 세상이 무너지는 건 아닙니다. 지금 당신에게 중요한 것은 '내 마음의 쉼'입니다. 짧은 시간이라도 혼자만의 시간을 가져 보세요. 차 한 잔을 마시며 가만히 앉아 있는 것만으로도 마음에 작은 여유가 생길 수 있습니다. 전문 상담사와 대화를 나누며 마음속에 억눌려 있던 감정들을 천천히 풀어 보는 것도 좋은 방법입니다. '이 모든 일을 한꺼번에 해야 해.'라고 생각하지 말고, 작은 일 하나를 선택해 시작해 보세요. 설거지 하나, 빨래 한 장도 충분히 큰 성취입니다.

먼저 내 마음을 돌보고 위로해 주세요. 조금씩 여유를 되찾을 때, 어느 날 당신은 스스로 삶의 리듬을 회복하고 있는 자신을 발견할 것입니다.

"삶의 무게를 내려놓고, 내 마음의 쉼을 찾으세요. 일은 그다음에도 충분히 할 수 있습니다."

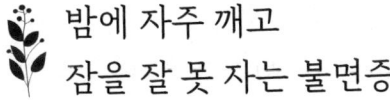
밤에 자주 깨고
잠을 잘 못 자는 불면증

"밤에 자주 깨고 잠을 잘 못 자요. 자는 동안에도 생각이 많고, 마치 머리가 쉬지 않는 것 같아요."

불면증은 단순히 잠을 못 자는 문제로 끝나지 않습니다. 그 이면에는 뇌와 마음이 충분히 쉬지 못하고, 끊임없이 무언가를 처리하려는 상태가 숨겨져 있습니다. 잠은 우리 몸과 마음을 회복하는 중요한 시간입니다. 그러나 뇌의 회로가 계속 돌아가고, 감정과 생각의 '쓰레기'가 쌓이면, 우리는 몸과 마음 모두 지쳐 가게 됩니다.

불면증이란 무엇인가?

불면증은 마치 꺼지지 않는 컴퓨터와 같습니다. 컴퓨터를 종료했는데도 백그라운드에서 프로그램이 계속 실행되면 컴퓨터가 과열되고, 결국 고장 나듯이, 우리의 뇌도 쉬지 못하고 계속 활동하면 문제가 생깁니다.

불면증은 뇌의 회로가 멈추지 않는 상태입니다.

- 자야 할 시간에도 뇌가 끊임없이 일을 합니다.
- 쉴 시간에도 생각이 멈추지 않습니다. 이로 인해 뇌에 '감정의 쓰레기'가 쌓이고, 이 쓰레기가 점점 더 많은 스트레스와 불안을 만들어 냅니다.

불면증의 원인

어릴 때 잠자리에서 자주 방해를 받거나, 충분히 편안한 환경에서 잠들지 못했던 기억이 뇌에 각인될 수 있습니다. 주변이 시끄럽거나, 잘 때 자꾸 깨는 환경이 반복되면, 뇌는 '잠을 자도 안전하지 않다.'는 무의식적인 신호를 받게 됩니다.

혹은 불면증은 자신이 자신의 말을 듣지 못하는 상태일 수 있습니다. '이제 잘 시간이야.'라는 자신의 신호를 몸과 마음이 받아들이지 못하고, 다른 생각으로 회피하게 됩니다. 잠자리에 들면 생각이 많아지고, 하루 동안의 일, 미래에 대한 걱정 등이 머리를 지배합니다. 이는 뇌의 회로를 과도하게 자극하여 잠드는 것을 방해합니다.

한편 잠 못 드는 아이 중 공포가 있는 아이들도 있습니다. 아이들의 경우, 잠을 자면 죽을 것 같은 공포나 엄마가 곁에 없을 것 같은 유기 공포가 불면증의 원인이 될 수 있습니다.

자신의 말을 들어 주기

불면증의 중요한 원인 중 하나는 자신이 자신의 말을 듣지 않는다는 점입니다.

- "이제 잘 시간이야."
- "지금은 쉬어야 해."

어린아이를 재우면 아이들이 자듯이 자야 할 시간이 되면 자야 하는데 아무리 '자자.'고 자신에게 말해도 머리가 말을 듣지 않습니다. 그렇다면 누가 이렇게 내 말을 들어 주지 않은 것인지 안타깝습니다. '오늘부터 나는 내 말을 잘 들어 줄 거야.' 결심하고 '지금은 잠잘 시간'이라며 스스로를 다독이는 연습을 해 보세요. "오늘 하루 수고했어. 이제 잘 시간이야." 스스로에게 따뜻한 말을 건네며 토닥여 보세요.

아이들에게 안심을 주기

아이들이 밤에 자주 깨고 잠투정을 한다면, 그들은 무의식적으로 안전에 대한 두려움을 느낄 수 있습니다.
"잠들면 엄마가 없어질까 봐."
"잠이 죽음과 비슷하다고 느껴서."

이런 아이들에게는 부모의 따뜻한 말과 포옹이 큰 도움이 됩니다.

"엄마가 너 곁에 있어. 언제나."

"잠자는 건 힘을 얻는 거야. 아주 편안하고 좋은 거야."

이런 말들이 아이의 마음을 안정시키고, 잠투정을 줄이는 데 도움이 됩니다.

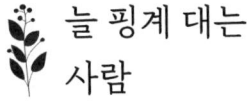 늘 핑계 대는
사람

"아내가 운전을 하다가 자주 사고를 냅니다. 앞뒤로 차를 긁고, 주차된 차량을 박을 때도 있어요. 그럴 때마다 '내 키가 작아서 앞이 잘 안 보이니까 그런 거야'라고 핑계를 대요. 물론 틀린 말은 아니겠지만, 문제는 이런 핑계가 반복된다는 겁니다."

핑계를 대는 행동은 누구나 할 수 있는 자연스러운 방어기제입니다. 하지만 그것이 습관이 되어 자신의 행동을 돌아보지 못하게 하고, 실수를 반복하게 만든다면 문제가 개선되지 않습니다.

핑계는 왜 생길까?

어린 시절, 반복적으로 혼이 났던 경험이 있는 사람은 자신의 행동을 정당화하거나 핑계를 대는 방식으로 그 비난을 회피하려는 습관을 형성할 수 있습니다. 핑계 대는 것을 심리학에서는 '합리화한다'고 합니다. 그리고 스트레스 순간에 자기를 무의식적으로 보호하려는 심리적 기제를 '방어기제'라고 합니다. 핑계는 종종 실수를 합리화하려는 심리적 방어기제로 나타납니다. 이는 자신의 잘못이나 실수에 대해 스스로를 보호하려는 방식입니다. 방어가 자신을 보호하려고 하는 것인데 이것이 이미 습관이 되어 필요 없는 순간에도 자신도 모르게 사용하게 되면서 관계에서 신뢰를 잃게 됩니다.

'내가 실수한 게 아니야. 이건 키 때문이야.' 이렇게 생각하면 죄책감이나 미안함을 덜 느끼게 됩니다. 너무 무서운 대상이 있어서 혼나지 않으려고 했던 것들이 너무 습관이 되어 자신도 모르게 불쑥불쑥 튀어나옵니다. 총알을 피하기 위해 두꺼운 갑옷을 입듯, 비난과 공격을 피하기 위해 합리화라는 방어막을 사용하는 것입니다.

핑계의 문제점

핑계는 일시적으로는 비난을 모면해서 편안함을 주지만, 장기적으로는 자신을 돌아보고 변화할 기회를 막아 버립니다. 핑계가 습관이 되면, 자신이 잘못된 행동을 돌아보지 않게 됩니다.

"키가 작아서 사고가 나는 거야."

"도로가 막혀서 지각했어."

이렇게 핑계를 대면, 사고를 줄이기 위해 더 조심하거나, 시간을 잘 지키기 위해 일찍 준비하는 변화가 일어나지 않습니다.

핑계는 자신에게서 책임을 빼앗아갑니다. '키가 작아서'라는 이유로 사고를 내고, '도로가 막혀서'라는 이유로 지각을 하면, 자신의 행동에 대해 책임을 지지 않게 됩니다. 어쩌다 한 번은 그럴 수 있습니다.

그러나 습관적으로 하게 되면 타인과의 신뢰를 깨뜨릴 수 있습니다. 반복되는 핑계는 주변 사람들에게 피로감을 줍니다. 실수를 인정하지 않거나, 자신의 문제를 돌아보지 않는 태도는 배우자나 동료와의 관계에서 갈등을 유발할 수 있습니다.

핑계를 멈추고 변화하기

핑계는 어린 시절 형성된 방어기제이지만, 성인이 된 지금, 그 갑옷을 벗어도 괜찮습니다. 전쟁 중에는 갑옷이 꼭 필요하지만 평화로운 시기에는 필요 없듯이, 이제는 헤쳐 나갈 수 있는 상황입니다. 핑계를 멈추고 자신의 행동을 돌아볼 수 있는 방법들입니다.
"왜 나는 자꾸 이런 핑계를 댈까?"
"이 상황에서 내가 인정해야 할 점은 무엇일까?"
사고가 났다면, "내가 집중하지 못했구나". 지각했다면, "내가 시간을 잘못 계획했구나". 이렇게 자신의 행동에 책임을 지는 연습을 해 보세요. 이는 변화를 위한 첫걸음이 될 것입니다.

- "내 실수로 사고가 났어. 미안해."
- "지각해서 불편을 줬구나. 다음엔 더 신경 쓸게."

진심 어린 공감과 사과는 관계를 회복시키고, 자신의 행동을 개선하는 데 큰 도움이 됩니다.

　핑계는 나를 보호하기 위한 방어기제였을지 몰라도, 지금의 우리는 더 이상 그 갑옷이 필요하지 않은 성인입니다. 책임을 인정하고, 내 행동을 변화시키려는 노력을 시작할 때, 우리는 더 성숙하고 건강한 관계를 만들어 갈 수 있습니다.

　"핑계를 벗어던지고, 솔직하게 내 행동과 감정을 마주하는 것. 그것이 진정한 성장의 시작입니다."

물건을 쌓아 두고
정리하지 못하는 심리

"집 안에 물건이 너무 많아요. 버려야 한다는 걸 알면서도, 뭐 하나 쉽게 손에서 놓질 못해요. 혹시 나중에 필요할까 봐, 아니면 이 물건이 주는 기억이 너무 소중해서…. 결국 집 안은 물건들로 가득 차고, 저는 어디서부터 시작해야 할지 막막합니다."

물건을 버리지 못하고 쌓아 두는 문제는 단순히 정리의 문제만이 아닙니다. 그것은 내면의 감정과 경험, 그리고 삶의 태도와 깊이 연결된 심리적 현상일 수 있습니다.

왜 물건을 쌓아 두게 될까?

미래에 대한 불안감이 있을 수 있습니다.
"혹시 필요할 때가 있을지도 몰라."
"이걸 버렸다가 나중에 후회하면 어쩌지?"
이런 생각은 미래에 대한 불확실성을 대비하려는 심리에서 비롯됩니다. 물건을 쌓아 두는 행위는 '안전망'을 만드는 것처럼 느껴지기 때문에 불안을 줄이는 방법으로 작용할 수 있습니다.

물건에 감정적으로 연결되어 있을 수 있습니다. 특정 물건이 과거의 소중한 기억이나 중요한 사람과 연결되어 있을 때, 물건을 버리는 것은 그 추억이나 관계를 잃는 것처럼 느껴집니다. 물건 하나하나가 '감정의 상징'이 되어 쉽게 손에서 놓을 수 없게 만듭니다. 또는 정리 기술의 부족일 수 있습니다. 정리하는 법을 배우지 못하거나 어떻게 시작해야 할지 몰라 물건이 점점 쌓이게 되는 경우도 있습니다. 또한 물건을 쌓아 두는 것이 습관적인 행동으로 굳어졌을 수 있습니다. 물건을 버리지 않고 쌓아 두는 행동이 오랜 시간 동안 습관이 되어 버린 경우, 그것을 바꾸기가 어렵습니다.

무엇보다 정리를 못 하는 것은 물건을 통해 심리적 빈자리를 메우면서 심리적 안정감을 찾기 위한 것입니다. 마음 깊은 곳에 '내 옆에 의지할 사람이 없다.'는 결핍감이 있을 때, 물건을 쌓아 두는 것이 외로움이나 고립감을 덜어 주는 역할을 할 수 있습니다.

'물건이 많으면 빈 공간의 불안을 덜 느낄 수 있어.' 이런 무의식적인 생각이 물건을 쌓아 두게 만듭니다. 집 안에 물건이 많아진다는 것은, 단순히 공간의 문제가 아니라 '마음의 상태'와 깊이 연결되어 있습니다. 물건이 많다는 것은 마음속에도 정리되지 않은 감정과 생각이 많다는 신호일 수 있습니다. 무엇이 중요한지, 무엇을 내려놓아야 할지 결정하지 못하는 혼란이 물건을 쌓아 두는 행동으로 나타날 수 있습니다. 정신에 복잡한 생각 등 정신의 쓰레기가 꽉 차 있어 실제 삶에서도 물건을 치우지 못하는 것입니다.

대상의 부재를 메우려는 심리

마음속 깊은 곳에서 의지할 대상을 찾지 못할 때, 사람 대신 물건을 쌓아 두는 것으로 안정감을 느끼려 할 수 있습니다. '사람은 떠나지만, 물건은 내 곁에 남아 있어.' 이런 생각이 무의식적으로 작용할 수 있습니다. 주변에 사람이 있어도, 마음 깊은 곳에서는 자신이 고립되어 있다고 느끼는 경우, 물건을 통해 빈자리를 채우려는 심리가 작용할 수 있습니다. 이것은 일종의 심리적 고아 상태를 반영합니다. 물건이 대상이니 마음을 나눌 친구조차 없을 수 있습니다.

정신의 정리가 안 되고 혼란해서 물건을 정리하지 못하는 것이니 먼저 마음속 감정과 생각을 정리해야 합니다.

"이 물건이 내게 어떤 의미를 주는 걸까?"

"이 물건이 정말로 지금 나에게 필요한 걸까?"

"이 물건이 없더라도 내 삶은 충분히 괜찮을까?"

자신에게 솔직한 질문을 던지며 물건과 감정의 연결을 이해하는 것이 중요합니다.

사회복지사나 누군가 도와준다고 물건을 치워 주어도 다시 원위치가 될 확률이 많습니다. 의식적으로는 정리하고 싶지만 무의식에서는 이 세상에서 나를 깨끗하게 하고 상쾌하게 살고 싶지 않은 마음이 있는 것입니다. 사는 동안 무엇인가 마음이 어지럽고 피곤하고 정서적으로 공감과 지지를 받은 게 없었습니다. 사는 것 자체가 재미가 없고 삶의 의지를 많이 잃어버리게 된 것입니다. 그러니 누군가 많이 공감과 지지를 주고 조금씩, 조금씩 정신의 정리가 되어야 물건을 정리할 수 있습니다. 정신의 정리가 되어야 '왜 이렇게 자신이 정리가 안 되는지?', '정리하는 방법을 모르는 것인지?', '정리를 하고 싶지 않은 것인지?' 생각하면서 조금씩 문제를 해결해 나갈 수 있습니다.

한꺼번에 모든 물건을 정리하려 하면 오히려 부담스러울 수 있습니다. 그래서 처음에는 정리하기보다 쓰레기봉투 하나만 사 볼 수 있도록 돕고 그다음에는 하루에 한 박스, 한 서랍처럼 작은 공간부터 정리해 보는 것입니다.

- 정리한 물건을 보며 성취감을 느끼는 것이 큰 동기가 됩니다.
- 물건이 과거의 추억이나 사람을 대신하는 역할을 하고 있다면, 그 추억이나 사람과의 관계를 다른 방식으로 기념해 보세요.
- 사진을 스캔하거나, 소중한 몇 가지 물건만 남겨 두고 나머지는 떠나보내는 것도 방법입니다.

심리적 지원을 받는 것도 도움이 됩니다. 물건을 쌓아 두는 것이 심리적 결핍에서 비롯된 경우, 상담가와 함께 내면의 빈 공간을 탐구하고 채워 나가는 것이 도움이 됩니다. 물건을 치우는 것은 마음을 정리하는 일입니다. 집안에 쌓인 물건을 치우는 과정은 단순히 공간을 정리하는 일이 아닙니다. 그것은 마음의 혼란을 정리하고, 삶을 가볍고 자유롭게 만드는 과정입니다. 버릴 때 느껴지는 불안은 내면의 결핍을 마주하는 과정에서 생기는 자연스러운 감정입니다. 그러나 한 가지씩 물건을 떠나보내며, 우리는 우리 자신에게 더 집중할 수 있는 여유를 찾게 됩니다.

"물건은 비워 내고, 사람과의 추억은 쌓아 가세요. 삶은 물건이 아닌 관계와 마음의 연결 속에서 더욱 빛납니다."

열심히 살면서도
무력감이 찾아오는 이유

"저는 정말 열심히 살았어요. 하지만 자꾸만 무력감이 몰려와요. 제가 게으른 걸까요? 아니면 뭔가 잘못하고 있는 걸까요?"

무력감을 느낄 때, 우리는 스스로를 의심합니다. '내가 나태한가?', '내가 왜 이렇게 못난 걸까?' 하지만 무력감은 결코 게으름이나 능력 부족의 문제가 아닙니다. 오히려 그것은 내가 너무 많은 것을 짊어지고, 너무 오래 애써 왔기 때문에 오는 마음의 신호일 수 있습니다.

무력감이 찾아오는 이유

지친 몸과 마음이 원인입니다. 무력감은 지나치게 오랫동안 애써 왔을 때 몸과 마음이 보내는 "이제 좀 쉬자"라는 신호일 수 있습니다. 어린 시절부터 눈치를 보며 자라거나, 과도한 책임과 의무 속에서 살아왔다면 자연스럽게 무기력감에 빠질 가능성이 높습니다. 누군가의 과도한 기대 역시 무력감을 불러일으킬 수 있습니다. 부모나 사회가 나에게 기대했던 것처럼, 나 스스로도 끊임없이 나를 몰아붙이게 됩니다. 그 결과 '아무리 해도 부족하다.'는 느낌이 무력감을 키웁니다. 어린 시절부터 어른스러운 역할을 맡았던 사람은 끊임없이 자신에게 '더 잘해야 한다.'는 압박을 가합니다. 더 잘해야 하는데 몸은 잘 안 움직이니 이런 압박은 결국 피로와 무력감을 쌓이게 만듭니다.

또한 삶의 복잡함과 혼란 속에서 무력할 수 있습니다. 해야 할 일과 하지 않아도 될 일이 뒤섞이면, 정신적으로 여유가 사라지고 무력감이 찾아옵니다. 정리되지 않은 마음은 삶의 방향성을 잃게 만듭니다.

"내가 이렇게 열심히 살고 있는데 왜 아무것도 변하지 않을까?" 이런 기대와 현실의 간극은 무력감과 허무함을 불러일으킵니다.

무력감에서 벗어나는 첫걸음

"무력감은 나쁜 것이 아닙니다. 그저 내 마음이 나에게 쉬어야 한다고 보내는 신호일 뿐입니다."

무력감은 내가 너무 많은 것을 떠안고, 너무 오래 애써 왔다는 증거입니다. 숨이 가쁘다면 멈추고, 한 발짝 물러서서 내 삶을 돌아보세요. 열심히 살아왔기에 무력감을 느낍니다. 열심히 살아왔기 때문에 그 무게에 지쳐 무력감이 찾아올 수 있습니다.

"무력감은 실패의 신호가 아닙니다. 내가 충분히 애써 왔음을 알려 주는 증거입니다."

쉼의 새로운 정의를 찾기

쉼이란 단순히 아무것도 하지 않는 것이 아닙니다. 어떤 사람에게는 산책이나 독서가 쉼이 될 수 있고, 또 어떤 사람에게는 단순히 창밖을 바라보는 시간이 쉼이 될 수 있습니다. 마음의 정리를 해서 마음에 공간이 생긴다면 이것도 쉼이 됩니다. 꼭 해야 할 것과 그렇지 않은 것을 구분하여 정리해야합니다. 지금 당장 해야 할 것들의 목록을 짜고 내가 꼭 안 해도 되는 것들은 최소한만 할 수 있도록 정리해 보는 것입니다. 모든 일을 다 할 필요는 없습니다. 내가 정말 해야 할 일과, 하지 않아도 되는 일을 구분하세요. 삶에 여유 공간이 생기면 무력감도 줄어들게 됩니다. 내가 왜 이렇게 무력감을 느끼는지 삶의 패턴을 살펴보고 자신을 이해하세요. "나는 정말 많은 것을 애써 왔구나. 그래서 지칠 수밖에 없었구나. 이제는 내가 꼭 해야 할 것들만 하자." 이렇게 자신을 따뜻하게 바라봐주세요. 무력감은 나를 알아 가고, 새로운 방향으로 나아갈 수 있는 기회가 될 수 있습니다. 나를 괴롭혀 온 과거의 패턴을 이해하고, 불필요한 짐을 내려놓으며, 내 삶에 여유와 쉼을 만들어 보세요.

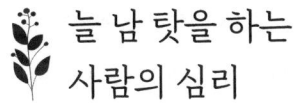
늘 남 탓을 하는 사람의 심리

"엄마 때문에, 아빠 때문에, 친구 때문에 내 삶이 이렇게 힘들어요."
딸의 이런 말을 들을 때마다 속이 상하고 화도 나고 답답한 마음이 올라옵니다. 왜 자신의 잘못은 돌아보지 않고 늘 남 탓과 환경 탓만 하는 걸까요?

성장 과정의 무거운 짐

누군가가 매사에 남 탓을 한다면 우리는 그 사람을 피곤하게 느낄 수 있습니다. 하지만 그 이면에는 깊은 상처와 버거움이 자리 잡고 있습니다.

남 탓을 하는 사람들은 대개 어린 시절 감당하기 어려운 스트레스를 겪어 왔습니다. 자신의 나이에 맞지 않게 너무 무거운 짐을 짊어지고 살아왔던 경험이 많습니다. 사랑받기보다 책임을 요구받고, 자유롭기보다 억압 속에 자랐다면, 그 부담감은 어른이 된 후에도 무의식적으로 영향을 미칩니다. 어린 시절, 자기가 책임지지 않아도 될 일들을 대신 짊어진 경험이 있다면, 무의식적으로 남들 때문에 피해 본다는 것이 저장되어 있습니다. 사람은 스스로를 보호하기 위해 남 탓을 하는 방어기제를 키울 수 있습니다. 자기가 하지 않아도 될 일에 지나치게 무거운 책임감을 짊어 본 사람은 새로운 상황에서도 자기 잘못을 인정하기 어려워합니다. 인정하는 순간, 그 무게를 견딜 수 없을 것 같기 때문입니다. 남 탓을 하는 사람들은 대부분 자신이 왜 이렇게 힘든지 스스로도 잘 알지 못합니다. 이는 어릴 때 자신의 고통과 버거움을 제대로 공감받고 해소하지 못한 탓입니다. 마음에 쌓인 무거움이 해소되지 않은 채 여전히 남아 있어, 자신을 돌아볼 여유를 갖기 어렵습니다.

남 탓에서 벗어나려면

남 탓을 하는 사람을 변화시키는 것은 그 사람의 내면에 쌓인 무거움을 공감하고 이해하는 데서 시작됩니다.
"네가 정말 많이 힘들었구나."
"그럴 만한 이유가 있었겠지."
이런 말로 그들의 마음을 받아 주는 것이 중요합니다. 무조건 지적하고 고치려 들기보다, 그들이 느끼는 무거움에 공감해 주세요.
인생에서 일어나는 일들은 내 탓 30%, 상대 탓 30%, 그리고 단순히 일어날 일이 일어난 것 40%로 정도로 나누어 볼 수 있습니다. 모든 것이 한 사람의 잘못 때문이 아니라는 사실을 이해해야 합니다.
잘못을 인정해도 그것이 자신의 가치를 깎아내리는 것이 아니라는 점을 알아야 합니다.

무거운 짐을 내려놓는 과정

어릴 적부터 짊어 온 무거운 책임과 짐을 내려놓을 수 있어야 합니다. 누군가가 그들의 마음을 들어 주고 공감해 줄 때, 그 짐은 점차 가벼워질 수 있습니다.

남 탓은 단순히 책임 회피의 문제가 아닙니다. 그것은 사랑받고 싶고 이해받고 싶은 마음의 표현입니다.

"내가 이렇게 힘들고 버거웠다는 것을 누군가 알아줬으면 좋겠어."

이 메시지를 읽어 낼 때, 그 사람은 스스로를 돌아볼 용기를 얻게 됩니다.

누군가 남 탓을 한다고 해서 화를 내거나 상대의 잘못을 지적하려 하기보다, 상대의 마음을 공감해 주는 것이 더 큰 변화를 이끌어 냅니다.

"그래, 너도 힘든 일이 많았겠지."

"네가 그런 마음이 드는 이유가 있겠구나."

이렇게 마음에 귀 기울이는 순간, 상대는 자신의 무거움을 조금씩 내려놓을 수 있습니다.

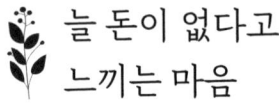 늘 돈이 없다고
느끼는 마음

"우리 언니는 돈도 잘 벌고 부동산도 많은데 항상 돈이 없다고 말해요. 부모님 재산까지 탐내고, 형제들끼리 모여도 돈 한 푼 안 내요. 우리 언니는 도대체 왜 그러는 걸까요?"

우리는 이런 상황을 주변에서 볼 수 있습니다. 겉으로 보기에는 경제적으로 풍족해 보이는 사람이 자신은 늘 돈이 없다고 느끼며, 인색하고 베풀지 않습니다. 하지만 이 현상의 이면에는 돈과 감정, 그리고 심리적인 문제가 복잡하게 얽혀 있습니다.

돈이 있어도 '가난'하다고 느끼는 이유

돈이 있느냐 없느냐는 단순히 통장 잔고로만 결정되지 않습니다. 사람이 느끼는 부유함과 빈곤함은 종종 물리적인 돈의 양보다 어릴 적 경험, 부모와의 관계, 그리고 사회적 경험에 뿌리를 두고 있습니다.

어릴 때 부모로부터 이런 말을 들어 본 적 있나요?

"제발 아껴 써라."

"우리는 돈이 없어. 함부로 쓰면 안 돼."

이런 말은 부모의 경제적 상황에 상관없이 아이에게 강렬한 메시지를 남깁니다.

"나는 돈이 없어. 나는 돈이 없어 힘든 사람이야."

이런 환경에서 자란 사람들은 돈이 실제로 얼마나 있느냐와 상관없이 늘 가난하다고 느끼는 심리를 형성하게 됩니다. 부모가 아무리 부유해도, 아이에게 돈의 부족함과 결핍을 강조했다면 '나는 돈이 없는 존재야.'라는 무의식적인 표상이 만들어지는 것입니다.

돈과 관련된 상처와 무의식적 표상

사람은 누구나 돈과 관련된 크고 작은 상처를 가지고 있습니다. 어릴 적 돈 때문에 부모가 다투는 모습을 보거나, 가난 때문에 무시당한 경험이 있다면, 이 상처는 마음 깊숙이 자리 잡습니다. 그 결과, 다음과 같은 양가감정이 생깁니다.

돈을 원하지만, 돈을 두려워하는 마음이 듭니다. 돈을 가지면 또 무언가 잃을 것 같고, 돈 때문에 사람들이 나를 이용할 것 같다는 두려움이 생깁니다. 또한 돈이 없으면 무시당하고 불안하다는 생각이 떠나지 않게 됩니다.

이 두 가지 감정이 얽히면서, 아무리 돈을 많이 벌어도 늘 부족하다는 느낌이 사라지지 않습니다. 결국, 돈이 있어도 늘 없다는 마음 때문에 돈을 과도히 아끼고 베풀지 못하게 됩니다. 겉으로는 돈 가진 사람을 무시하거나 부정적으로 바라보면서 속으로는 돈을 많이 벌고 싶어 하는 이율배반적인 태도로 이어지기도 합니다.

'돈이 없는 사람' 표상에서 벗어나지 못하는 삶

돈에 대한 결핍감을 가진 사람들은 종종 돈을 벌기 위해 노력하면서도, 스스로 그 돈을 제대로 활용하지 못하거나 잃는 행동을 반복합니다. 마음 깊은 곳에 돈이 없다는 표상이 결국 돈이 없다는 쪽으로 나를 무의식중에 끌고 가기 때문입니다.

돈을 잘 벌다가도, 불필요한 소비나 무리한 투자를 반복하며 결국 다시 가난함을 느끼게 됩니다 "돈은 별거 아니야."라고 말하며, 돈에 대한 현실적인 계획과 관리에 집중하지 않습니다. 어쩌면 돈이 남아서 돈을 관리해 본 경험이 없어서 남기는 방법을 모를 수도 있습니다.

늘 돈을 벌어도 '난 여전히 부족해.'라는 느낌을 벗어나지 못합니다. 이로 인해, 자신의 성취를 제대로 인정하거나 기뻐하지 못합니다. 이런 사람들은 결국 돈이 없는 사람이라는 표상에 갇혀 경제적으로 안정적인 상황에서도 늘 가난한 기분에 휩싸이게 됩니다.

해결책: 현재의 재정 상황을 객관적으로 파악하기

돈에 대한 문제를 해결하려면, 먼저 내가 느끼는 감정과 현실을 분리해야 합니다. 현재의 재정, 나의 재정 상황을 객관적으로 파악해야 합니다. 내 통장에는 얼마가 있는지, 내 자산은 얼마나 되는지, 내가 실제로 얼마나 벌고 쓰는지를 냉정히 살펴보아야 합니다. '돈이 없다.'는 느낌이 현실인지, 아니면 단순히 감정인지 확인하는 것이 중요합니다. 작은 돈이라도 있다면 있는 것입니다.

"나는 왜 돈이 부족하다고 느낄까?", "돈과 관련된 내 어린 시절의 경험은 무엇일까?" 이런 질문을 통해 돈과 관련된 내 감정의 뿌리를 찾아보세요.

돈을 벌었음을 스스로 인정하기

돈이 모였을 때, "내가 이만큼 해냈다."고 인정하며 나 자신에게 칭찬과 격려를 해 주세요. 돈을 인정하지 않으면, 늘 결핍감을 느낄 수밖에 없습니다.

돈은 무섭거나 부정적인 것이 아닙니다. 돈은 내 삶을 더 풍요롭게 만드는 도구입니다. 이 점을 깨닫고, 돈을 긍정적으로 바라보는 연습을 하세요.

겉으로는 부유해 보이지만, 어릴 적 경험이나 무의식적인 표상이 여전히 '가난한 사람'으로 느끼게 만드는 것입니다.

　인색한 사람의 행동이 얄밉거나 이해되지 않을 때, 그 속에 숨겨진 심리적 상처와 결핍을 떠올려 보세요. 돈 때문에 받은 상처와 고통 속에서 자신도 모르게 그런 행동을 하고 있는 것입니다.

　돈은 단순히 숫자가 아니라, 우리의 감정과 경험이 깊이 얽혀 있는 존재입니다. 그래서 돈 문제를 해결하려면, 단순히 돈을 많이 벌겠다는 결심만으로는 부족합니다.

　내가 왜 이렇게 느끼는지, 어떤 상처와 감정이 나를 지배하는지를 깊이 들여다보는 것이 시작입니다.

　돈이 없다는 느낌은 현실이 아닐 수 있습니다. 내 안에 있는 감정의 표상을 바꾸면, 돈은 더 이상 나를 억누르는 존재가 아니라 내 삶을 풍요롭게 만들어 줄 도구가 될 것입니다. 돈을 인정하고, 자신을 이해하는 것에서 모든 변화가 시작됩니다.

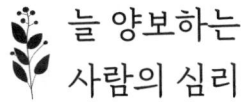
늘 양보하는
사람의 심리

'늘 양보하는 사람'의 심리는 갈등과 관계에 대한 두려움과 깊이 연관되어 있습니다. 이런 사람들은 종종 갈등 상황에서 자신의 의견을 주장하는 것에 어려움을 느끼며, 이는 미움받을 것에 대한 두려움에서 비롯됩니다. "갈등이 생기면 이겨 낼 자신이 없어서 애초에 피해요. 양보해 주고 말아요."라는 말에서 이들의 심리가 드러납니다. 갈등 상황에서 자신의 의견을 표현했을 때 다른 사람들이 '쟤는 왜 저렇게 말해?'라며 부정적으로 생각하고 자신을 미워할 것이라는 두려움이 큰 것입니다. 이로 인해 갈등 자체를 피하고, 그 결과 항상 양보하게 됩니다.

양보는 갈등을 피하기 위한 방어기제로 작용하지만, 늘 양보만 하게 되면 결국 자신의 존재감이 희미해집니다. 자신의 의견이나 바람을 말하지 못하고, '나는 이거 하고 싶어. 내 의견은 이거야.'라는 자기표현이 사라지게 되는 것입니다. 물론, 자기 의견만을 고집하는 것과는 다른 문제입니다. 중요한 것은 자신이 원하는 것을 표현하고, 자신의 존재를 인정받는 것입니다. 그러나 늘 양보를 선택하는 사람들은 자신이 말을 잘못하면 갈등이 생기고, 그로 인해 친구나 주변 사람들이 자신을 싫어하게 될 것이고, 그러면 관계가 깨질 거라는 두려움을 가지고 있습니다. 이러한 두려움은 결국 관계 속에서 자신의 자리를 잃게 만듭니다.

늘 양보하는 사람은 관계를 조율하는 방법을 잘 알지 못하는 경우가 많습니다. 건강한 관계는 서로의 의견을 듣고, 조율하고, 합의점을 찾아가는 과정에서 형성됩니다. 그러나 이들은 이러한 과정을 생략하고, '너의 마음대로 해.'라는 식으로 자신의 의견을 포기해 버립니다. 이는 자신의 자아가 약하기 때문일 수 있습니다. 자아가 약하면 타인의 의견에 휘둘리기 쉽고, 그 결과 자신의 선택권을 행사하지 못한 채 자신의 삶이 타인에 의해 좌지우지되는 상황에 놓이게 됩니다.

이처럼 늘 양보하는 것은 표면적으로는 평화를 유지하는 것처럼 보일 수 있지만, 결국 자신의 자존감을 훼손하고, 건강한 관계를 맺는 데 방해가 됩니다. 자신의 의견을 말하는 것은 단순히 갈등을 일으키는 것이 아닙니다. 그것은 자신의 존재를 인정하고, 삶을 주도적으로 살아가기 위한 필수적인 과정입니다. 양보를 적절히 하면서도 자신의 의견을 표현하는 연습이 필요합니다. 고집을 부리는 것과 자기주장을 하는 것은 다른 것입니다.

먼저 작은 상황에서부터 자신의 생각을 솔직히 말해 보는 것이 좋습니다. 또한, 자신의 의견을 말한다고 해서 반드시 갈등으로 이어지는 것은 아니라는 점을 기억해야 합니다. 건강한 관계는 서로의 다름을 인정하고, 그것을 기반으로 조율해 나가는 과정에서 만들어집니다. 갈등은 서로의 의견을 조율할 기회입니다.

결국, 늘 양보하는 습관에서 벗어나기 위해서는 자신의 자아를 강화하고, 관계를 조율하는 법을 배워야 합니다. 자신이 원하는 것, 자신이 생각하는 것을 말할 수 있을 때, 비로소 건강한 관계와 자신의 삶을 주도적으로 살아갈 수 있는 힘을 얻게 될 것입니다. 타인의 의견에 끌려다니는 삶에서 벗어나 자신만의 선택과 목소리를 찾는 것은 진정한 자아를 발견하고, 성장하는 첫걸음이 될 것입니다.

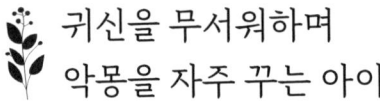
귀신을 무서워하며
악몽을 자주 꾸는 아이

"자주 귀신이 나오는 꿈을 꾸고 이런 악몽이 제일 무서워요."

귀신이 나오는 꿈을 자주 꾸고 때로는 귀신이 보인다고 말하는 아이들이 있습니다. 이런 아이의 마음속에는 깊은 공포가 자리 잡고 있습니다. 꿈에 귀신이 나온다는 것은 단순한 상상의 산물이 아니라, 그 아이가 현실에서 느끼고 있는 불안과 두려움이 잠자는 동안 꿈으로 나오는 것입니다. 귀신이 무섭다는 감정은 일종의 공포증으로, 어린 시절 경험한 무서운 일들과 밀접하게 연관되어 있습니다. 공포스러운 환경 속에서도 든든한 존재가 곁에 있다면 두려움은 완화될 수 있지만, 혼자서 그 공포를 마주해야 한다면 그 감정은 더욱 심화됩니다.

깜깜한 밤이 무서울 때 누군가 함께 있어 준다면 그 밤은 덜 무섭게 느껴집니다. 하지만 공포스러운 상황에서 아무도 곁에 없어 스스로를 지켜야 한다고 느낀다면, 그 공포감은 쉽게 사라지지 않습니다. 결국 '공포와 두려움이 많다.'는 것은 곧 '의존할 대상이 없었다.'는 신호입니다. 아이가 공포증을 겪는 배경에는 실제로든 상상 속에서든 '유기'라는 경험이 자리하고 있습니다. 유기란 버려짐을 의미합니다. 부모가 맞벌이를 하거나, 병으로 인해 아이를 돌보지 못해 다른 사람에게 맡길 수밖에 없는 상황이 있을 수 있습니다. 그런데 아이는 부모의 상황을 합리적으로 이해할 만큼 성장하지 않았기에, 자신이 부모에게 버려졌다고 느낍니다.

이러한 공포를 경험하는 아이에게 부모가 마음을 다해 함께해 주지 않고 오히려 야단치거나 무심한 태도를 보인다면, 아이의 공포감은 더 커질 수밖에 없습니다. 차갑고 무서운 세상 속에서 의지할 대상이 없다는 감정은 세상을 더욱 두렵게 만듭니다. 아이는 의지할 곳을 찾기 위해, 귀신이 보인다고 하면서 누군가를 옆에 두려고 합니다. 실제 귀신이 보이지 않더라도 무섭고 불안한 아이들은 귀신이 나타나는 악몽을 자주 꾸게 됩니다.

귀신이 보인다고 하는 아이는 단순히 상상 속 존재를 두려워하는 것이 아니라, 현실에서 느끼는 결핍과 불안을 드러내고 있는 것입니다. 아이는 세상이 자신에게 너무 무서운 곳이라고 느끼며, 그 속에서 자신을 지켜 줄 든든한 보호자가 필요하다는 신호를 보내고 있는 것입니다. 아이가 귀신이나 악몽을 이야기하는 것은 자신을 공포스럽게 만들어서 누군가 옆에 두려고 하는 것입니다.

따라서 아이의 두려움에 대해 단순히 "키가 크려고 그래. 그건 꿈이야."라고 말하기보다는, 아이가 느끼는 공포의 뿌리를 이해하고, 정서적 안정감을 제공해야 합니다. 아이에게 충분한 사랑과 보호를 보여 주고, 함께 옆에 있어 주려는 태도를 보여 주는 것이 중요합니다. 아이가 악몽을 꾸거나 귀신을 무서워할 때, 그 감정을 가볍게 넘기지 말고 아이가 느끼는 두려움을 받아 주고 누군가 옆에 의지할 수 있는 사람이 있다는 것을 느끼게 해 주어야 합니다.

요컨대 귀신이 보인다는 말은 단순한 허상이 아니라, 아이의 마음 속 깊은 곳에서 외치고 있는 도움의 신호입니다. 이 신호를 외면하지 않고 진심으로 다가갈 때, 아이는 공포를 극복하고 세상을 더 안전한 곳으로 느끼며 성장할 수 있을 것입니다.

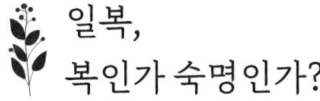
일복, 복인가 숙명인가?

"저는 어딜 가나 일이 많아요. 가는 곳마다 제 할 일이 쌓여 있어요."
이런 말을 흔히 들어 봅니다. 마치 일이 그 사람을 따라다니는 듯한 삶, 이른바 '일복'이 많은 사람들의 이야기입니다. 하지만 가만히 생각해 보면, 일이 많은 것이 정말 '복'일까요?

일복이라는 이름의 짐

유교 경전 《서경》에서는 인간이 누릴 수 있는 다섯 가지 복, 즉 오복을 제시합니다. 오래 사는 장수, 물질적으로 풍요로운 부유, 건강한 몸과 마음을 의미하는 강녕, 자신과 타인에게 베풀 줄 아는 유호덕, 그리고 고통 없이 평안한 죽음을 맞는 고종명. 그러나 어디에도 '일복'은 없습니다.

그럼에도 우리는 일복을 마치 숙명처럼 받아들이곤 합니다. 일이 많아도 묵묵히 해내어 칭찬받고, 타인의 인정을 받을 때 비로소 자신의 가치를 확인합니다. "넌 정말 대단하다. 어떻게 그렇게 많은 일을 해내니?" 이런 칭찬이 일시적인 기쁨을 줄지라도, 그 뒤에는 스스로를 몰아붙이는 고된 삶이 기다리고 있습니다.

일복이 많은 사람들은 대개 이런 신념을 가지고 있습니다.

"무언가를 해야만 사랑받을 수 있다."

사랑은 조건이 되어 버리고, 노력과 성과가 그 대가로 요구됩니다. 그러나 이런 삶의 대가는 과중합니다. 피곤할 때 쉬는 법을 잊고, 심지어 다른 사람이 쉬고 있는 모습조차 불편하게 느낍니다. 자신을 돌볼 틈 없이 끊임없이 달려가는 삶 속에서, 우리는 점점 지쳐 갑니다. 어쩌면 일복은 누군가의 사랑과 인정을 얻기 위해 스스로 만들어 낸, 보이지 않는 짐일지도 모릅니다.

쉴 수 있는 능력이 정말 복이다

진정한 복은 어디에서 시작될까요? 그것은 스스로를 배려하는 마음에서 비롯됩니다.

내 한계를 인정하고, 할 수 있는 만큼만 하며, 피곤할 때는 쉬어야 합니다. 쉬는 것은 단순히 몸을 쉬게 하는 것이 아닙니다. 그것은 곧 나를 사랑하는 능력입니다. 내가 나를 혹사하는데 누가 나를 위해 줄 수 있을까요? 내 몸과 마음을 돌보는 일은 내가 할 수 있는 가장 중요한 책임입니다.

휴식은 무책임이 아닙니다. 휴식은 나를 사랑하는 방식이며, 더 나아가 타인에게도 더 나은 나를 선물하는 과정입니다. 쉬는 능력도 하나의 복입니다. 쉬지 못하는 삶은 나를 소모시키고, 결국 주어진 일과 관계 모두를 망가뜨릴 수 있습니다.

일복과 인복의 균형

만약 일복이 나의 삶을 숙명처럼 따라다닌다면, 인복이 그 짐을 덜어 줄 수 있습니다. 좋은 사람들과의 관계는 배려와 협력을 통해 일의 무게를 나누게 합니다. 그러나 인복이 없다면, 모든 짐을 혼자 떠안아야 하기에 고통은 배가됩니다.

이럴 때 우리는 해야 할 일과 하지 않아도 되는 일을 분별할 줄 알아야 합니다. 내가 하지 않아도 되는 일은 내려놓으십시오. 내가 하지 않으면 큰일이 날 것 같아도, 막상 내려놓으면 대부분 괜찮습니다.

내 삶의 주인이 되기 위해

"너 덕분에 일이 잘 처리되었어. 정말 대단하구나."

이런 말을 듣기 위해 나를 혹사하지 않아도 됩니다. 당신은 이미 그 자체로 사랑받을 만한 존재입니다. 나 자신이 소중하다는 사실을 기억하세요. 쉬면서 몸과 마음을 돌보는 것은 곧 나 자신을 사랑하는 첫걸음입니다. 나를 괴롭히지 않아야 타인에게도 더 나은 나를 보여 줄 수 있습니다.

일복은 숙명이 아닙니다. 그것은 내가 조절하고 선택할 수 있는 것입니다.

'무엇인가를 해야만 사랑받을 수 있다.'는 신념에서 벗어나, 스스로를 사랑하는 법을 배우는 것이 더 중요합니다. 그러니 오늘은 한번 쉬어 보세요. 그 시간이 곧 당신을 치유하고, 더 단단하게 만들어 줄 것입니다.

일복은 숙명이 아니라 과정이다

진정한 복은 끝없는 일이 아니라, 스스로를 사랑하고 쉬는 법을 아는 것입니다. 내가 내 삶의 주인이 되는 순간, 일복이라는 짐은 더 이상 나를 억누르는 무거운 숙명이 아닙니다. 그것은 나를 더 단단한 사람으로 만드는 과정일 뿐입니다.

오늘, 나를 위해 쉼을 선택하십시오.

그것이 곧 진정한 복을 찾아가는 첫걸음이 될 테니까요.

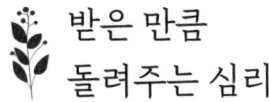
받은 만큼
돌려주는 심리

"저는 원래 성격이 받은 만큼 돌려주는 경향이 있어요. 그래서인지 잘 안 받으려고 해요."라는 말을 들을 때가 있습니다. 요즘 젊은 사람들 중에는 이러한 태도를 가진 사람들이 많습니다. 그들은 주고받는 것에서 철저히 균형을 맞추려 합니다. 안 주고 안 받기, 혹은 받은 만큼 꼭 돌려주기. 이는 일종의 원칙처럼 보이지만, 그 이면에는 복잡한 심리적 이유가 자리하고 있습니다.

사람에 따라서는 내가 하나를 주면 상대방도 하나를 줘야 하고, 내가 하나를 받으면 나도 반드시 하나를 줘야 한다고 생각하는 경우가 있습니다. 이런 사람들은 종종 준 만큼 돌아오지 않으면 서운해하고, 심지어는 관계를 끊어 버리는 선택을 하기도 합니다. 예를 들어, 친구 생일에 선물을 했는데 그만큼의 가치가 돌아오지 않으면 친구 관계를 정리하는 경우도 있습니다.

이러한 태도를 가진 사람들은 무의식적으로 사람들과 깊은 관계를 맺지 않으려는 경향이 있습니다. 이는 사람에 대한 깊은 신뢰가 부족하기 때문일 수 있습니다. 관계는 단순한 거래가 아닙니다. 사람 사이의 관계는 조금 더 주기도 하고, 때로는 덜 받기도 하는 유연함 속에서 싹트고 자랍니다. 누군가에게 더 많이 주면 고마운 마음이 남고, 덜 주면 미안한 마음이 남습니다. 이러한 감정이 서로 얽히며 관계를 더욱 풍요롭게 만드는 것입니다.

반면, 받은 만큼만 돌려주고 준 만큼만 받으려 한다면 어떨까요? 고마움도 미안함도 없는 관계가 되어 버립니다. 모든 것이 철저히 계산된 상태에서 마음의 교류가 사라지게 됩니다. 이런 사람들은 마치 늘 헤어질 준비를 하는 사람처럼 보입니다. 받은 것과 준 것이 같아야 관계를 정리할 때 부담 없이 떠날 수 있다고 느끼기 때문입니다.

'내가 떠나도 욕먹고 싶지 않다.'는 마음이 깔려 있는 것입니다. 이러한 태도는 사람에 대한 깊은 신뢰가 없음을 나타냅니다. 관계는 상대방을 믿고 의지하며, 때로는 불균형을 받아들일 때 비로소 진정한 깊이를 가질 수 있습니다.

여러 가지 이유로 안 주고 안 받으며 사는 것이 더 편하다고 느낄 수 있습니다. 하지만 그 선택의 끝에는 외로움이 기다리고 있습니다. 아무것도 주고받지 않는 관계는 결국 고립을 부를 뿐입니다. 인생은 피곤할지라도, 사람들과의 관계에서 오는 온기와 감동은 우리의 삶을 지탱하는 힘이 됩니다.

사람들과의 관계는 반드시 1:1의 균형을 이루어야 하는 계산적인 거래가 아닙니다. 때로는 더 주고, 때로는 더 받으며, 고마움과 미안함 속에서 마음이 얽히는 것이 관계의 본질입니다. 받은 만큼 돌려주지 못해도, 혹은 준 만큼 받지 못해도 괜찮습니다. 중요한 것은 서로를 신뢰하며 그 관계 속에서 행복과 의미를 찾아가는 것입니다.

사람은 혼자 살 수 없는 존재입니다. 우리가 주고받는 것은 단순히 물질적인 것이 아니라 마음입니다. 마음은 무게를 잴 수 없기에 더 많이 주고 덜 받을 수도 있습니다. 하지만 그 모든 과정 속에서 우리는 진정한 인간관계를 배우고, 성장합니다. 그러니 조금 더 용기를 내어 마음을 주고받아 보세요. 인생은 계산으로 완성되지 않으며, 관계의 깊이는 신뢰와 나눔 속에서 만들어집니다.

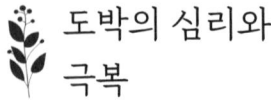
도박의 심리와 극복

스포츠 토토와 같은 불법 도박 사이트를 이용하다가 빚을 지는 사람들이 많습니다. 이들은 빚을 갚기 위해 다시 도박에 손을 대지만, 이는 끝없는 악순환을 불러옵니다. 더 큰 문제는 도박뿐만 아니라 무리한 주식 투자 등으로 빚을 지고 파산 신청을 고민하는 청년들도 많다는 점입니다. 이러한 상황을 정신분석학적으로 들여다보면, 도박은 잃어버린 대상을 되찾으려는 무의식적인 욕망에서 비롯됩니다.

도박에 빠진 사람들은 든든한 대상, 즉 인정감을 제공하는 사람이나 환경을 잃은 경우가 많습니다. 이들은 큰돈을 벌어 든든한 대상을 되찾고자 하는 환상에 사로잡힙니다. 그러나 이러한 환상은 현실과는 거리가 멉니다. 도박을 끊기 위해서는 잃어버린 대상을 돈이 아닌 사람으로 채우는 것이 중요합니다. 누군가가 진심으로 사랑을 주고 신뢰를 쌓아 간다면, 그 든든함은 도박을 대체할 수 있습니다.

한편, 도박의 가장 큰 함정은 잠깐의 쾌락입니다. 한번 돈을 따게 되면 그 쾌감이 너무 강렬해 더 빠져나오기 어려워집니다. 하지만 도박은 98%의 사람들이 돈을 잃고, 단 2%만이 이익을 가져가는 구조입니다. 만약 도박으로 다 돈을 벌 수 있었다면, 세상 모든 사람들이 도박을 선택했을 것입니다. 이는 현실적으로 불가능합니다.

빚은 고통입니다. 빚은 사람을 무겁게 하고, 세상을 살아가는 데 있어 끊임없는 부담을 줍니다. 인생은 산뜻하고 상쾌해야 하지만, 빚은 이를 불가능하게 만듭니다. 도박으로 인한 빚은 특히 더 큰 고통을 안깁니다. 돈을 갚지 못해 사람들의 눈치를 보며, 자신을 괴롭게 만드는 악순환에 빠지는 것입니다. 빚을 지면서 사는 것은 심리적으로 자신을 괴롭게 하면서 살고 싶은 무의식적 욕구 때문일 수 있습니다. 괴롭게 살았던 어린 시절 경험을 재현하고자 하는 것입니다.

빚을 갚는 과정은 고통스럽지만, 그 고통을 통해 비로소 도박의 환상에서 깨어날 수 있습니다. 도박의 환상을 깨뜨리기 위해서는 자신이 저지른 일에 대한 책임을 스스로 져야 합니다. 힘들게 번 돈으로 빚을 갚으며, 돈이 얼마나 중요한지, 얼마나 큰 노력과 시간이 필요한지를 깨닫게 됩니다. 이는 자신의 삶을 새롭게 시작하는 데 있어 중요한 전환점이 될 것입니다.

사랑받지 못하고 경제적으로 어려웠던 어린 시절의 경험은 도박에 빠질 가능성을 높입니다. 그러나 돈은 한탕주의로 얻을 수 있는 것이 아닙니다. 돈은 정당하게 땀 흘린 대가로 얻어야만 그 가치가 있습니다. 그렇게 번 돈만이 우리의 삶을 풍요롭게 하고, 진정한 만족감을 줍니다.

한 번에 큰돈을 벌어 인생을 바꾸겠다는 생각은 허상입니다. 도박으로 인생을 바꾸기보다는 작은 성취를 쌓아 가며 성장해 나가는 것이 더 큰 만족과 행복을 가져다줍니다. 지금 빚을 갚는 과정이 어렵고 힘들지라도, 그 과정을 통해 깨닫는 가치와 교훈은 돈으로 살 수 없는 소중한 것입니다.

　우리 모두는 실수할 수 있습니다. 하지만 중요한 것은 그 실수를 인정하고, 자신의 삶을 책임지려는 의지입니다. 빚을 갚으며 진정한 자유와 평온을 되찾는 길, 그것이야말로 도박이라는 환상에서 벗어나는 유일한 방법입니다.

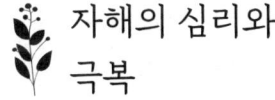
자해의 심리와 극복

자해는 자살과는 다릅니다. 자살이 생을 마감하려는 행위라면, 자해는 오히려 살아 보고자 하는 몸부림입니다. 하지만 자살과 자해 모두 자기 몸에 상처를 입힌다는 공통점이 있습니다. 잘못된 자해는 생명까지 위협할 수 있기에 그 심리를 이해하고 적절히 대처하는 것이 중요합니다.

자해는 주로 심리적 압박감이 극심할 때 발생합니다. 견디기 힘든 정신적 고통을 신체적 고통으로 전환하려는 시도인 것입니다. 삶의 고통과 절망이 너무 커질 때, 이들은 자해를 통해 마음속의 괴로움을 잠시나마 잊으려 합니다. 그러나 자해를 하는 심리는 다양하며, 그 배경에는 깊은 내면의 상처와 결핍이 존재합니다.

어떤 사람은 누군가를 잃은 후 생기는 공허함과 두려움을 견딜 수 없어 자해를 합니다. 또는 아무도 곁에 없는 고독감과 공포감이 너무 커져 스스로 신체를 상처 내며 그 고통으로 잠시 공포감을 잊습니다. 또 다른 경우는 내면의 큰 공격성을 조절하지 못할 때입니다. 타인을 공격하고 싶지만 억눌린 상황에서 그 분노와 공격성이 자신을 향해 폭발하며 자해로 나타납니다. 특히 자신의 의지가 꺾이거나 통제받는 상황에서 이런 행동이 두드러질 수 있습니다.

자해는 삭막한 마음의 표현이기도 합니다. 이들의 마음은 너무나 황폐하여 스스로를 해치지 않고서는 그 감정을 해소할 방법을 찾지 못합니다. 때로는 자해를 통해 타인의 관심을 얻으려 하기도 합니다. 누군가 자신을 돌봐주길 원하며, 그 행동으로 주변 사람을 조종하려는 무의식적인 욕구가 작용하기도 합니다. 그러나 이는 더욱 큰 고립과 상처를 가져올 수 있습니다.

자해는 세상과 자신에 대한 깊은 슬픔의 표현입니다. 세상이 한스럽고 차갑게 느껴져 그 감정을 자해로 드러내는 것입니다. 만약 자해를 통해 관심을 얻는 경험이 반복되면, 그 행동이 고착화될 위험이 있습니다. 따라서 자해를 하는 이들에게는 적절한 관심과 사랑을 주는 동시에, 올바른 소통 방법을 알려 주는 것이 중요합니다.

힘들고 억울하고 슬플 때는 말로 표현해야 함을 가르쳐야 합니다. 스스로를 해치는 것은 결코 문제를 해결하지 못하며, 오히려 더 큰 상처를 남긴다는 사실을 이해시키는 것이 필요합니다. 자해를 통해 자신의 감정을 표출하는 대신, 주변 사람들과 대화하고 도움을 요청하는 방법을 배우도록 돕는 것이 중요합니다.

자신의 몸은 소중합니다. 자신의 몸에 상처를 내는 것은 곧 자신의 존재를 함부로 대하는 것입니다. 힘들 때 말을 통해 자신의 감정을 드러내고, 도움을 구하며, 더 나아가 스스로를 치유하려는 노력이 필요합니다. 무엇보다도, 자해를 하는 사람들에게는 따뜻한 관심과 공감이 절실합니다. 그들의 고통을 무시하지 않고 함께 고민하며, 말로 표현할 수 있는 환경을 만들어 주는 것이 우리가 할 수 있는 가장 큰 사랑입니다.

    삶은 고통뿐만 아니라 희망도 함께 있습니다. 그 희망을 찾는 여정에서, 자해 대신 스스로를 사랑하고 돌보는 법을 배워야 합니다. 힘들고 고된 시간 속에서도, 자신의 존재는 여전히 소중하며, 이 세상에 꼭 필요한 존재임을 잊지 말아야 합니다.

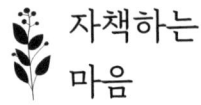
자책하는 마음

살다 보면 예상치 못한 일이 생기고, 그럴 때마다 자신을 탓하며 자책하는 사람들이 있습니다. '내가 또 뭘 잘못했을까?' 하는 마음이 자꾸 올라오는 경우가 많습니다. 하지만 모든 것이 나의 잘못일까요? 스스로를 과도하게 탓하는 습관은 마음을 지치게 하고, 나아가 삶의 방향까지 잃게 만듭니다.

건강한 죄책감과 과도한 자책

건강한 죄책감은 내가 타인에게 잘못을 했을 때 느끼는 자연스러운 감정입니다. 이는 책임감을 느끼고 더 나은 사람이 되도록 돕는 긍정적인 역할을 합니다. 그러나 타인에게 피해를 끼친 적도 없는데 늘 자신의 잘못으로 생각하며 자책하는 것은 건강하지 않은 심리적 상태입니다.

인간관계에서 일어나는 일들은 여러 요인이 복합적으로 작용합니다. 앞서 언급했듯이 내 원인이 30%, 타인의 원인이 30%, 그리고 상황적 요인이 40% 정도로 엮여서 일어납니다. 손바닥도 마주쳐야 소리가 난다는 말처럼, 모든 일이 한쪽의 잘못으로만 일어날 수는 없습니다. 모두가 상대 탓도 아니고 모두가 내 탓도 아닙니다. 그럼에도 불구하고 모든 책임을 스스로에게 돌리는 태도는 오히려 더 큰 마음의 상처를 낳습니다.

어린 시절의 기억이 남긴 흔적

자신을 반복적으로 자책하는 사람들은 대개 어린 시절 자주 야단을 맞았던 경험이 있습니다. 작은 실수에도 큰 꾸지람을 들었던 기억은 무의식적으로 자신을 끊임없이 질책하는 습관으로 이어집니다. 늘 들었던 야단을 스스로에게 하게 됩니다.
"너 왜 그렇게 했니? 그때 왜 잘못했니?" 하며 스스로를 책망하게 되는 것이지요.
이러한 자책은 발전을 위한 동력이 아니라 발목을 잡는 족쇄가 됩니다. 반복적으로 과거를 되돌아보며 자신을 질책하면, 오히려 새로운 기회를 향해 나아가기 어려워집니다. 이는 마치 계속 백미러만 보면서 운전하는 것과 같습니다. 백미러는 차선을 바꾸거나 주의를 기울일 때만 필요한데, 백미러만 보느라 전방을 보지 못하면 결국 사고로 이어질 수밖에 없습니다.

자책 대신 성장으로 나아가기

자책에서 벗어나기 위해 중요한 것은 내가 잘못한 부분만 명확히 인정하고, 이를 개선하며 앞으로 나아가는 것입니다. 과거의 실수로 인해 나 자신 전체가 무가치해지는 것은 아닙니다. 우리가 집을 수리할 때 특정 부분만 고치듯이, 내 삶도 마찬가지입니다. 한 부분의 실수를 수정한다고 해서 '나' 전체가 잘못된 존재는 아닙니다.

내가 스스로 괜찮은 존재임을 믿고, 필요한 순간에만 자신을 돌아보며 앞으로 나아가는 자세가 필요합니다. 실수나 잘못은 모두가 겪는 과정입니다. 이를 통해 성장할 수 있음을 믿고, 아픔을 회피하지 말고 정면으로 마주해 보세요.

나 자신을 부정하는 자책은 오늘을 무의미하게 만들 뿐입니다. 과거는 이미 지나갔고, 당신이 할 수 있는 것은 현재와 미래를 더 잘 살아가는 것입니다.

스스로에게 말해 주세요.

"나는 실수할 수 있는 존재지만, 그럼에도 불구하고 나는 충분히 괜찮은 사람이다."

우리는 모두 완벽하지 않아도 사랑받고 존중받을 자격이 있습니다. 지금 당신의 있는 그대로의 모습도 충분히 아름답습니다.

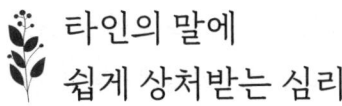
타인의 말에
쉽게 상처받는 심리

한 언니가 무심코 던진 한마디, "너 살 좀 빼라, 운동해라." 이 말이 비수가 되어 가슴 깊이 꽂혔다는 이야기를 들었습니다. 누구나 한 번쯤 타인의 말에 상처받았던 경험이 있을 겁니다. 상대는 아무 생각 없이 던진 말일지라도, 그 말은 내 안의 어떤 부분을 건드려 깊은 상처로 남곤 합니다. 그렇다면, 왜 우리는 타인의 말에 이토록 민감할까요? 그리고 어떻게 하면 그 상처로부터 자유로워질 수 있을까요?

타인의 말에 상처받는 이유는 다양합니다. 그중 하나는 나에 대한 확신, 즉 셀프가 약하기 때문입니다. 예를 들어 "살 좀 빼라."는 말을 들으면, 단순히 겉모습에 대한 이야기로 받아들이지 않고, 나 자신이 부족하고 못난 사람이라는 의미로 해석해 버립니다. 이는 결국 내가 나 자신을 충분히 인정하지 못하고 있다는 증거일 수 있습니다.

또한 어린 시절부터 통제와 간섭을 많이 받아 온 사람들은, 현재의 조언이나 지적도 '나를 통제하려 한다.'고 느끼며 과거의 억눌렸던 감정을 떠올리게 됩니다. 이런 경우 타인의 말은 단순한 의견이 아니라 나를 공격하고 억압하려는 시도로 느껴질 수 있습니다.

같은 말을 들었을 때도 사람마다 반응은 천차만별입니다. 어떤 이는 "조언 고마워."라고 넘기고, 어떤 이는 "왜 나한테 잔소리야?"라며 맞서기도 합니다. 그런데 어떤 이는 말도 못 하고 속으로 깊이 상처받고 마음의 문을 닫기도 합니다. 이 차이는 내면의 심리 상태와 깊은 연관이 있습니다. 특히 그 말이 마음속 수치심이나 결핍감을 건드릴 때 우리는 더욱 상처를 받게 됩니다. 그런 나를 상대가 좋아하지 않고 상대가 좋아하지 않는 나를 스스로 용납할 수 없는 것입니다. 상대가 나를 싫어한다고 느끼고, 나를 싫어하면 결국 관계가 깨질 것이고 나는 버림받을 것이라는 유기감 때문에 상처를 받습니다.

타인의 말에서 자유로워지는 방법

먼저, 누군가의 말에 상처받았다면, 상대의 말보다 자신의 마음과 마주하는 것이 필요합니다.

"나는 왜 이 말에 이렇게 상처를 받을까?"

"내가 정말 그런 사람인가?"

"요즘 내가 너무 피곤해서 작은 일에도 민감하게 반응하고 있는 건 아닐까?"

자신의 마음을 들여다보고 이해하는 과정은 타인의 말이 나에게 미치는 영향을 줄이는 첫걸음입니다. 그 말은 단지 상대의 의견일 뿐, 내 존재를 흔들 수 없다는 사실을 기억해야 합니다.

"저 사람은 그렇게 생각할 수 있지. 하지만 나는 다르게 생각해."

"그 말이 나를 정의할 수는 없어. 나는 내 기준대로 살아가면 돼."

기분 나쁜 말을 들었을 때, 유머를 섞어 넘기거나 긍정적으로 받아들이는 것도 좋은 방법입니다. 예를 들어, "맞아, 나도 살 빼고 싶긴 한데 잘 안 되네. 내 살 좀 봐 주면 안 되겠니?!", "고마워, 운동 좀 더 해 볼게." 같은 말로요.

이렇게 유연하게 대처하면 상대의 말이 내게 미치는 영향을 약화시킬 수 있습니다. 물론, 그 말이 정말로 상처가 되었다면 솔직하게 감정을 표현하는 것도 필요합니다.

"그 말이 나한테는 상처로 느껴졌어."

"그렇게 말하니 속상해."

이는 상대방이 자신의 표현 방식을 돌아볼 기회를 줄 수도 있습니다.

살이 찐 것이 나의 전부가 아니듯, 어떤 단편적인 지적도 나라는 존재를 정의할 수 없습니다. 나를 온전히 알고 내가 누구인지 명확히 이해할 때, 우리는 타인의 말로부터 자유로워질 수 있습니다.

"나는 부족한 점이 있을지라도, 그것이 내 존재의 전부는 아니다."

"그 사람의 말은 그 사람의 생각일 뿐, 나는 내 삶의 주인이다."

타인의 말에 상처받지 않으려면 나 자신에 대한 믿음과 이해가 필요합니다. 나를 인정하고 사랑하는 마음이 커질수록, 우리는 타인의 말에서 더 자유로워질 수 있습니다.

# 욱하는 마음

'욱해서 화를 내며 손해를 본 적이 많다.'는 이야기를 종종 듣습니다. 참고 참다가 한순간 욱하는 감정으로 관계를 망치는 경우도 적지 않습니다. 이 욱하는 마음은 사실 내 안에 쌓여 있는 분노와 화가 많음을 보여 주는 신호입니다. 살면서 억누르고 쌓아 온 감정을 한꺼번에 터트리니, 그 대상이 된 사람은 당황할 수밖에 없습니다. 마치 압력솥이 오랫동안 쌓인 압력을 단번에 방출하는 것과 같습니다. 사실, 압력은 조금씩 배출해 주어야 합니다. 그러나 그것을 억누르고 표현하지 않다가 결국 폭발하는 것입니다.

분노는 인간의 기본 정서 중 하나입니다. 자신의 권리가 침해되거나 경계가 넘어질 때 자연스럽게 나타나는 감정입니다. 하지만, 종종 우리는 이러한 상황이 아닌 경우에도 분노를 느낍니다. 그 이유는 바로 '기대와 현실의 불일치' 때문입니다.

많은 사람들이 자신이 기대했던 반응이 나오지 않거나 원하는 결과가 이루어지지 않을 때, 또는 통제하고 싶은 상황이 통제되지 않을 때 분노합니다. 배우자나 자녀가 자신의 뜻대로 행동하지 않을 때, 관심받고 싶지만 그 관심이 주어지지 않을 때, 우리는 화가 납니다. 결국, 욱한다는 것은 오랜 시간 동안 채워지지 않은 기대와 소망의 누적

된 결과입니다. 사랑받고 싶다는 욕구가 충족되지 못했거나, 자유롭게 살고 싶었으나 억압받았던 경험들이 한꺼번에 분노로 터지는 것입니다.

그러니 욱하는 자신을 비난하기보다는, 오랜 시간 채워지지 않아 힘들었던 자신을 바라보며 자기자비의 마음을 가져보는 것이 필요합니다. 나 자신에게 애잔함을 느끼고 위로할 때, 욱하는 마음도 점차 줄어들 것입니다. 또한, 자신의 기대와 욕구를 스스로 알아차리고 조금씩 채워 주는 노력을 해 보는 것도 좋습니다. 타인이 나의 기대를 완전히 채워 줄 수는 없습니다. 그들은 내가 무엇을 기대하는지, 얼마나 채워지지 않았는지 알 수 없기 때문입니다.

욱할 때 우리는 흔히 "너 때문에 화가 난다."라고 상대를 탓합니다. 그러나 사실은 현재의 그 사람에게 이전의 많은 경험에서 쌓인 분노를 한꺼번에 쏟아 내는 경우가 많습니다. 상대는 억울할 수 있습니다. 자신은 1만큼 잘못했는데, 10의 분노를 받게 되기 때문입니다. 이런 상황을 피하기 위해서는 욱하게 되는 순간 자신의 내면을 돌아보아야 합니다. 참고 있었던 것들, 기대대로 되지 않았던 것들, 그리고 채워지지 않았던 나날들을 떠올려 보세요. 이 과정을 통해 자신의 슬픈 마음을 만나고, 그것을 스스로 보듬어 주는 것이 중요합니다.

이제라도 자신의 기대와 욕구를 스스로 채워 주는 연습을 해 보세요. 타인이 아닌 내가 나를 채워 줄 수 있어야 합니다. 그것이 욱하는 마음을 다스리는 첫걸음입니다. 결국, 진정한 위로와 충족은 외부에서 오는 것이 아니라, 내 안에서 비롯되는 것이기 때문입니다.

가스라이팅에서
벗어나지 못하는 심리

 가스라이팅을 당하면 나쁜 대상에게서 벗어나지 못하게 됩니다. 가스라이팅(Gaslighting)은 단순히 누군가의 말에 속는 것을 넘어, 마음 깊은 곳에 죄책감을 심어 스스로를 의심하게 만드는 심리적 학대입니다. 이 조작은 상대를 통제하거나 자신의 뜻대로 조종하려는 의도로 이루어지며, 많은 사람의 삶을 무겁게 억누르고 있습니다.

 어린 시절 부모가 "너 때문에 못 살겠어. 너 때문에 힘들어."라는 말을 반복하면, 자녀는 무의식적으로 죄책감을 품게 됩니다. 부모가 자신의 삶의 무게를 자녀에게 떠넘기고, 모든 고통을 자녀의 탓으로 돌리면, 아이는 자신이 잘못한 것이 없더라도 스스로를 탓하게 됩니다. 이러한 경험은 자라서도 이어져, 가족 관계뿐만 아니라 연인 관계, 직장 관계에서도 비슷한 패턴으로 나타날 수 있습니다.

가스라이팅에서 왜 벗어나지 못하나?

 많은 사람들은 이렇게 말합니다.
 "저런 사람하고 왜 만나지? 그냥 거기서 빠져나오면 되는 것 아닌

가요?"

하지만 가스라이팅은 단순한 의지나 결심만으로 벗어나기 어려운 심리적 올가미입니다. 가스라이팅을 당하면 처음에는 "저 사람이 왜 저래? 내가 뭘 잘못했다고…."라고 반발할 수 있습니다. 하지만 시간이 지나며 상대의 반복된 비난과 왜곡된 논리에 노출되면, 점차 스스로를 의심하게 됩니다.

"내가 뭘 잘못했지? 내가 정말 문제인가?"

더 무서운 것은, 이런 과정을 통해 상대가 나쁜 사람이라는 생각보다 '나만 잘하면 된다.'는 믿음이 자라나는 것입니다. 그리고 상대를 화나게 한 자신에 대해 죄책감이 생깁니다. 상대가 "너 때문에 힘들어. 너한테 내가 얼마나 잘했는데…. 네가 그러면 되니?" 하면서 죄책감을 심어 줍니다. 연인 관계에서도, 상대가 "너 때문에 힘들어."라며 비난을 반복하면, 처음에는 억울하고 화가 나다가도 점차 이렇게 생각하게 됩니다.

- "그래, 내가 참지 못해서 그래."
- "내가 조금만 더 잘했더라면 저 사람이 화내지 않았을 거야."
- "내가 말대꾸를 안 했으면 문제가 없었을 텐데."

그리고 어느새 상대가 나쁜 사람이라는 사실은 마음속에서 사라지고, '저 사람은 좋은 사람이고, 내가 부족한 사람이다.'라는 무의식이 자리 잡습니다. 이는 무의식적으로 저 사람이 나쁜 사람이면 나를 떠날 것이고 그렇게 되면 이 세상에 아무도 없다는 두려움이 들어옵니다. 내가 나쁘면 내가 고치고 잘하면 되는데 저 사람이 나쁘면 내가 어떻게 할 수도 없고 그럼 나는 나쁜 사람하고 사는 것이 되니 그러면 너무 고통스럽다고 생각할 수 있습니다. 세상 사는 것도 힘들고 어려운데 내 가족 혹은 사랑하는 사람도 나쁜 사람이면 이 세상을 살아가기가 너무 벅차니 무의식적으로 상대를 좋은 사람이라고 생각하고 나를 나쁜 사람으로 만드는 심리적 메커니즘이 작동합니다. 그렇게 상대가 나쁜 사람이면 나를 떠날 것이고 그러면 이 세상에 나밖에 없다고 무의식에서 느끼니 차라리 내가 나쁘고 저 사람이 괜찮은 사람으로 심리에서 만들어 냅니다. 그래서 가스라이팅을 당한 사람은 '이 사람이라도 없으면 안 된다.'는 두려움 속에서 상대를 떠나지 못하고, 자신을 더 비난하며 죄책감의 사슬에 갇히게 됩니다. 나쁜 대상에게서 벗어나지 못하게 됩니다.

어린 시절부터 죄책감을 심어 주는 부모나 환경에서 자란 사람들은 가스라이팅으로 인해 자신을 비난하며 살아갑니다.

- "내가 엄마를 힘들게 하면 어떻게 하지?"
- "내가 부모를 실망시키게 되면 어떻게 하지?"

이런 생각들은 내 잘못이 아닌데도 내면에 깊은 상처로 남아 나를 옭아맵니다.

벗어나기 위한 첫걸음: 죄책감 내려놓기

혹시 상대를 힘들게 행동했거나 부모에게 반항하고 부모를 힘들게 했던 일이 있다면 그것은 잘못한 게 아니라 살기 위해서 그렇게 했던 것입니다. 그렇게 하지 않고서는 너무 고통스러워 살 수 없었기 때문입니다.

"그때의 나는 나를 지키기 위해 최선을 다했던 것입니다."

죄책감은 당신의 잘못이 아니라, 가스라이팅을 하는 사람들이 자신의 책임을 떠넘기기 위해 만들어 낸 것입니다. 그들이 당신을 비난하고 조종하려 했을 뿐, 당신은 그저 생존하려고 노력했던 것입니다. 이제는 그 죄책감을 내려놓을 때입니다.

가스라이팅은 상대가 내 마음에 그림자를 드리우는 과정입니다. 하지만 기억하세요, 당신은 어둠 속에서도 스스로 빛을 밝혀 나갈 수 있는 존재입니다. 죄책감의 사슬을 끊고, 자신의 삶을 온전히 사랑하는 순간, 당신은 가스라이팅의 굴레를 벗어나 진정한 자유를 경험하게 될 것입니다.

당신을 힘들게 하는 대상으로부터 벗어나고자 하는 것은 결코 당신이 나쁜 사람이어서가 아닙니다. 빼앗긴 당신의 삶은 이제라도 살아 보고자 하는 것입니다. 자신의 삶을 살아 나가길 바랍니다.

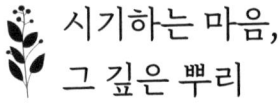 시기하는 마음,
그 깊은 뿌리

"친한 친구가 잘되어 자랑할 때, 기뻐해 주고 싶은데 왠지 모르게 속이 불편하고 속상해요."

이런 마음을 털어놓는 이들이 많습니다. 이런 마음을 느낄 때면 자신을 나쁜 사람이라 여기는 경우도 흔합니다. 하지만 이런 감정은 단순히 한 개인의 도덕적 결핍이 아니라, 인간이라면 누구나 가질 수 있는 보편적인 심리적 반응, 즉 시기심에서 비롯된 것입니다.

시기심이란 무엇인가?

시기심은 탐욕, 질투와 함께 비교에서 시작되는 감정입니다. 비교는 우리가 불행을 느끼는 근본적인 원인 중 하나입니다. 탐욕은 외부의 좋은 것을 모두 내 것으로 만들고 싶은 욕망입니다. 질투는 내가 가진 것을 잃고 싶지 않아 생기는 마음입니다. 반면, 시기심은 내가 갖고 싶지만 가지지 못한 것을 타인이 가지고 있을 때 뺏고 싶은 감정입니다.

이 감정들은 우리의 내면에서 미묘하게 작용하며, 때로는 우리 자신과 주변 사람들에게 상처를 주기도 합니다. 시기심은 특히 강렬한 부정적인 감정으로 이어질 수 있습니다. 예를 들어 '사촌이 땅을 사면 배 아프다.'는 말처럼, 타인의 성공이 내 불행처럼 느껴질 때 우리는 시기심에 사로잡힙니다.

질투와 시기심은 비슷해 보이지만 그 뿌리와 작동 방식은 다릅니다. 질투는 나의 것으로 여겨지는 것을 지키려는 싸움에서 비롯됩니다. 반면, 시기심은 남이 가진 것을 내가 가지지 못해 느끼는 결핍감에서 출발합니다. 질투는 보호하려는 감정이라면, 시기심은 파괴하려는 충동으로 이어질 가능성이 더 큽니다.

시기심이 우리의 마음을 흔드는 방식

시기심은 남이 잘되는 것을 보며 나도 모르게 배 아프고, 심지어 그들이 잘되는 것을 망쳐 버리고 싶게 만드는 강렬한 충동입니다. 하지만 이 감정은 단지 타인을 향한 것이 아니라, 결국 나 자신을 향한 공격으로 돌아옵니다.

시기심이 강한 사람은 다른 사람이 가진 좋은 것을 보며 자신이 더 불행하다고 느낍니다. 이는 단순한 불편함을 넘어 자신이 가진 것을 가치 없게 여기고, 심지어 자기 자신의 가능성까지 부정하는 태도로 이어질 수 있습니다.

이러한 시기심은 흔히 어린 시절의 경험에서 비롯됩니다. 어린 시절에 긍정적이고 풍요로운 사랑을 경험한 사람들은 타인의 성공을 보며 '내가 없는 것을 저 사람은 가지고 있구나. 언젠가 나도 저런 기회를 가질 수 있을 거야.'라고 기대하며 기뻐해 줄 수 있습니다. 반면, 어린 시절 충분한 사랑과 보호를 경험하지 못한 사람은 타인의 성공과 행복이 곧 자신의 불행이라고 느끼는 경향이 강합니다.

시기심은 본질적으로 자신을 사랑하지 못하는 마음에서 비롯됩니다. 자신을 사랑하지 못하는 사람은 자신의 강점과 소중함을 인정하지 못하고, 따라서 타인의 좋은 점도 받아들일 수 없습니다. 시기심을 극복하기 위해서는 자기 자신을 사랑하고 받아들이는 연습이 필요합니다. 내가 가진 것, 나의 가치, 나의 가능성을 인정할 때 타인의 성공도 온전히 축하할 수 있는 마음이 생깁니다.

그러나 이 과정은 쉽지 않습니다. 시기심이 강한 사람의 마음은 흔히 독기에 가득 차 있으며, 이 독기를 누군가가 담아 주어야만 진정될 수 있습니다. 이 '담아 줌'이란 시기심을 가진 사람의 마음을 열린 태도로 받아들이고, 그 고통을 함께 느껴 주는 것입니다. 부모조차 해 주지 못한 것을 대신 떠안는 것은 고통스러운 일이지만, 이 과정이 없이는 시기심이 극복되기 어렵습니다.

시기심을 치유하는 삶

시기심은 우리 삶의 한 부분이며, 이를 부정하거나 억누르기보다는 이해하고 받아들이는 것이 중요합니다. 시기심을 느끼는 나 자신을 비난하지 말고, 그 마음을 통해 나의 내면을 탐구하고 치유의 기회를 삼아야 합니다.

자신을 사랑하고, 자신이 가진 것을 소중히 여길 수 있을 때 우리는 타인의 성공을 축복할 수 있는 마음의 여유를 가질 수 있습니다. 시기심은 우리의 내면에서 소리를 내며 자신을 사랑하라는 메시지를 보내고 있는지도 모릅니다. 그 메시지에 귀를 기울이고, 내 마음을 받아들이는 법을 배우는 것. 그것이야말로 시기심을 넘어서 나아갈 수 있는 첫걸음일 것입니다.

2장

나와 너의
관계 알기

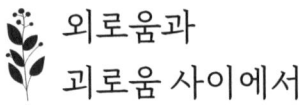
외로움과
괴로움 사이에서

"사람들이 왜 그렇게 말하는지 모르겠어. 걔랑 얘기하면 왠지 불편해. 아무도 만나고 싶지 않은데, 아무도 만나지 않으면 너무 외로워."

관계라는 건 누구에게나 쉽지 않습니다. 특히 관계 속에서 쉽게 상처받는 사람에게는 더 큰 도전일 수 있습니다. 그래서 우리는 때로 혼자가 되는 선택을 하기도 합니다. 하지만 혼자가 된다는 것은 또 다른 문제를 동반합니다. 바로 외로움입니다.

관계 속에서는 괴롭고, 관계를 끊으면 외롭습니다. 이 딜레마 속에서 우리는 갈등하고 방황합니다. 결국, 삶은 외로움과 괴로움 사이의 균형을 찾아가는 여정일지도 모릅니다.

관계, 왜 이렇게 어려울까?

누군가와 관계를 맺는다는 것은 마음을 열고 서로를 받아들이는 일입니다. 그러나 관계에는 항상 어느 정도의 괴로움이 따릅니다. 아무리 가까운 사람이라도, 심지어 나를 가장 잘 이해해 주는 사람이라 해도, 그 사람이 늘 내 마음에 쏙 드는 말과 행동만을 해 주는 것은 아닙니다. 우리는 관계에서 기대를 합니다.

"저 사람은 나를 이해해 줄 거야."

"그는 항상 내 편일 거야."

하지만 기대가 클수록 실망도 커집니다. 그 실망은 곧 괴로움으로 변하고, 관계를 멀리하고 싶다는 마음이 커지기도 합니다. 그렇다고 모든 관계를 끊고 혼자 남는다면, 기다리고 있는 것은 외로움입니다. 혼자 있을 때의 평화로움도 잠시, 어느 순간 공허함과 소외감이 우리를 덮칩니다. 결국, 우리는 선택의 기로에 서게 됩니다.

'조금의 괴로움을 감수하고 관계를 유지할 것인가?'

'외로움을 받아들이고 혼자로 남을 것인가?'

외로움과 괴로움 사이에서 균형 잡기

사실, 외롭지도 않고 괴롭지도 않은 완벽한 상태는 존재하지 않을지도 모릅니다. 삶은 본질적으로 균형의 문제입니다. 외로움과 괴로움 사이에서 어느 정도의 타협을 이루어야 합니다.

너무 외롭다면, 약간의 괴로움을 감수하고 관계를 좀 맺어야 합니다. 반대로, 관계가 너무 괴롭고 힘들어서 관계를 멀리한다면 외로움을 좀 견뎌야 합니다. 이 균형은 관계에만 해당되지 않습니다.

이 딜레마는 사람들과의 관계뿐만 아니라, 우리의 삶 전체에 걸쳐 나타납니다. 일에서도 마찬가지입니다. 우리는 누구나 편안하면서 보상이 좋은 일을 원하지만, 그런 일은 흔치 않습니다. 높은 보상은 종종 몸과 마음의 고단함을 요구합니다. 편안한 일은 종종 보상이 적을 수 있습니다.

"나는 어느 정도 힘든 대신 어떤 보상을 얻을 수 있을까?"

"이 일에서 내가 기대할 수 있는 것은 무엇일까?"

삶은 타협의 예술입니다. 완벽한 관계도, 완벽한 일도 없습니다. 대신 우리는 내가 견딜 수 있는 괴로움과 얻고 싶은 보상 사이의 균형을 찾아야 합니다. 사람들이 외로워서 사람들을 만나면 괴롭고, 괴로워서 안 만나고 있으면 외로우니 삶이 고통스럽습니다. 외로울 때는 관계에서 괴로움을 덜 가져오는 것이고, 관계에서 괴로울 때는 좀 덜 외로운 것이라 여기면 마음이 좀 편할 것입니다. 관계를 한다는 것은 어느 정도의 괴로움을 좀 감수해야 한다는 사실입니다.

외로움과 괴로움 사이에서 우리는 고통을 느끼지만, 그 고통 속에서도 우리는 성장할 수 있습니다.

- 외로움은 우리에게 내면의 목소리를 듣는 법을 가르칩니다.
- 괴로움은 관계 속에서 상대와 나의 차이를 이해하는 법을 가르칩니다.

삶에서 가장 중요한 것은 완벽한 상태를 찾으려 애쓰는 것이 아니라, 자신만의 균형점을 찾아가는 것입니다. 그 균형을 찾아가는 과정은 결코 쉽지 않지만, 그 속에서 우리는 단단해지고 성숙해집니다.

또한 삶은 외로움과 괴로움이 공존하는 법을 배우는 과정입니다. 완벽하지 않은 관계에서도 우리는 사랑과 소속감을 느낄 수 있고, 외로운 순간에도 내면의 평화와 성찰을 얻을 수 있습니다.

중요한 것은 우리가 선택할 수 있다는 사실입니다.

- 관계를 시도하며 괴로움을 감수할지
- 혼자를 선택하며 외로움을 받아들일지

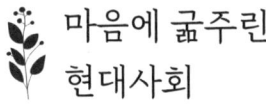# 마음에 굶주린 현대사회

아프리카 카라하리 사막의 부시맨들은 인간에게 두 가지 배고픔이 있다고 이야기합니다. 하나는 육체적 배고픔인 '리틀 헝거(Little Hunger)'이고, 다른 하나는 삶의 의미를 갈구하는 '그레이트 헝거(Great Hunger)'입니다. 우리는 점점 리틀 헝거가 사라져 가는 시대를 살아가고 있습니다. 음식이 넘쳐나고, 기술이 발달하며, 물질적 풍요가 일상이 되었습니다. 육체적 배고픔이 많이 해결되었는데도 왜 여전히 공허함을 느끼는 걸까요? 그것은 바로 삶의 의미와 관계에 대한 그레이트 헝거 때문입니다.

그레이트 헝거: 삶의 의미를 잃다

로렌스 반 데어 포스트는 "인간을 가장 극심한 고통에 빠뜨리는 것은 의미 없는 삶"이라고 말했습니다. 니체 또한 "살아야 할 이유를 아는 사람은 어떤 고난 속에서도 견딜 수 있다."고 했습니다. 현대인은 물질적으로 풍요롭지만, 많은 사람들이 이렇게 묻습니다.
"나는 왜 살아야 할까?"

"내 삶에는 무슨 의미가 있을까?"

삶의 목적과 의미를 잃으면, 물질적 풍요조차 위로가 되지 못합니다. 그러나 삶에 의미가 없는 것이 아니라 우리가 의미를 보지 못하는 것입니다. 새가 하늘을 날고 식물이 제자리를 지키듯 각자 오늘을 살아 내는 것이 삶의 의미입니다. 태어나고 싶어서 태어난 사람은 없습니다. 태어나고 보니 인생이 있었고 그래서 인생을 살아가는 것입니다. 그러기에 내 앞에 주어진 오늘을 사는 것이 삶의 의미입니다. 또한 맛있는 음식을 먹는 것, 작은 기쁨을 느끼는 것, 이 모든 것이 이미 삶의 의미가 될 수 있습니다.

그런데 왜 이렇게 사람들은 공허하고 삶의 의미를 찾지 못하는 걸까요? 그것은 내 삶에 든든한 대상으로부터 채워지지 않은 마음이 있기 때문입니다. 내가 사랑받고 싶은 대상으로부터 마음이 오지 않았기 때문입니다. 동물이나 식물과 달리 사람은 내가 의지하는 대상으로부터 마음이 와야 합니다. 마음을 먹어야 정신이 성장하기 때문입니다.

마음을 나눌 때 삶의 의미가 생긴다

삶의 의미를 갈구하는 그레이트 헝거는 든든한 대상과 마음을 나눌 때 채워질 수 있습니다. 내가 힘들 때 "힘들겠구나." 하고 공감해 주는 마음, 내가 아플 때 따뜻하게 바라봐 주는 마음, 내가 하고 싶은 것을 지지해 주고 믿어 주는 마음을 받을 때 허기가 채워지고 살아간다는 것의 의미를 찾을 수 있습니다.

마음을 주고받는다는 것은 무엇일까요? 함께 있어 주길 원할 때 함께 있어 주고, 내가 하고 싶을 때는 간섭하지 않고 지켜봐 주는 것입니다. 내 마음을 알아주고 함께해 줄 때 사랑을 충분히 받는다고 느낍니다. 그런데 이런 사랑의 마음을 충분히 받지 못했을 때 내면이 공허하고 삶의 의미를 못 느낄 수 있습니다. 자율성이 침범당할 때에도 내 인생이 아닌 것 같기에 산다는 것의 의미를 못 찾을 수 있습니다. 그래서 인생은 누구나 자기가 원하는 자신의 삶을 살아야 합니다.

또한 누군가에게 따뜻한 대상이 되어 주는 것도 삶의 의미를 찾는 방법입니다. 내가 먼저 누군가의 이야기를 들어 주고, 공감하며, 작은 손길을 내미는 순간, 우리는 서로에게 빛이 될 수 있습니다. 관계는 우리의 마음을 풍요롭게 하고, 삶의 목적을 더욱 분명하게 만들어 줍니다.

현대 사회는 점점 더 빠르게 변하며, 우리는 고립되어 가고 있습니다. 삶이 공허하고 의미가 없다고 느껴진다면 내가 사랑하고 의지하는 대상과의 관계를 돌아보세요. 그 관계에서 조금이라도 감사한 일, 기쁜 일을 찾아내 보시길 바랍니다. 그리고 내가 누군가에게 조금이라도 위로가 될 수 있다면, 그리고 누군가가 나를 통해 삶의 기쁨을 느낄 수 있다면 삶에는 의미가 있지 않을까요?

이제 당신이 먼저 손을 내밀어 보세요. 그 작은 손짓이 누군가에게는 큰 위로가 될 수 있습니다. 관계 속에서, 우리는 모두 삶의 의미를 다시 발견할 수 있습니다. 서로가 서로의 마음을 나눌 때, 우리는 모두 더 따뜻한 세상을 살아갈 수 있습니다.

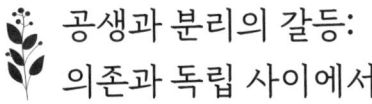
공생과 분리의 갈등:
의존과 독립 사이에서

우리 인간관계에서 일어나는 많은 갈등은 공생과 분리, 즉 의존과 독립 사이의 균형 문제에서 비롯됩니다. 관계 초기에는 서로에게 의존하며 가까이 있고 싶지만, 시간이 지나면 독립적인 공간과 시간을 원하는 순간이 찾아옵니다. 이 변화는 특히 부부 관계와 부모와 자식 관계에서 두드러지게 나타납니다.

부부 관계: 공생과 분리의 역전

결혼 초기, 많은 아내는 남편과 더 가까이 공생하며 관계를 구축하고 싶어 하지만, 남편은 직장 일에 집중하며 독립적인 시간을 원할 때가 많습니다. 아내는 남편의 관심을 갈망하지만, 남편은 일과 생활의 균형 속에서 독립적인 공간을 필요로 합니다.

그러나 세월이 흘러 남편이 퇴직하면 상황은 역전됩니다. 이제는 남편이 공생을 원하고, 오랜 시간 억눌려 있던 아내는 자신만의 독립성을 되찾고자 합니다. 남편은 '왜 나와 함께하지 않느냐.'고 섭섭해하고, 아내는 '이제는 나 자신만의 시간이 필요하다.'고 느낍니다.

공생은 따뜻하고 안정감을 주는 듯 보이지만, 실상은 그렇지 않습니다. 원하지 않는 사람에게 공생을 맞추다 보면, 어느 순간 억울함과 불만이 쌓이기 마련입니다.

"내 삶은 어디로 갔을까? 나는 무엇을 위해 이렇게 살아왔을까?"

자신의 삶을 상대방과 지나치게 공유하면, '나'라는 존재는 점점 희미해지고, 그로 인해 갈등과 분노가 쌓이게 됩니다. 공생하고 싶어 하는 쪽에서 독립하고 싶어 하는 사람을 볼 때 차갑게 느껴지고 냉정하게 느껴집니다. 차갑고 자신이 버림받을 것 같아 불안하게 됩니다. 반대로 자유롭고 싶은 쪽에서 함께하길 바라는 상대를 보면 답답하게 느껴져 갈등이 생깁니다.

부모와 자녀: 필연적 공생, 그리고 독립의 갈등

부모와 자식의 관계에서는 공생이 필연적입니다. 아이가 어릴 때는 부모 없이는 생존 자체가 불가능하기에, 부모는 자신의 삶을 내려놓고 자녀를 위해 헌신하는 시기를 겪습니다.

그러나 자녀가 성장하면서 공생의 필요성은 점점 줄어들고, 부모와 자녀 모두에게 독립이 필요한 순간이 찾아옵니다. 20년 동안 자연스럽게 이루어진 공생의 관계는 이제 새로운 변화를 요구합니다.

부모가 자녀를 여전히 붙잡으려 하며 공생을 강요한다면, 부모는 안정감을 느낄지 몰라도 자녀는 답답함과 억압 속에서 힘들어할 수밖에 없습니다. 성인이 된 자녀에게 공생은 더 이상 생존의 조건이 아니라, 성장을 방해하는 장애물이 될 수 있습니다. 반면, 부모에게서 떨어지지 않으려는 자녀도 있습니다. 이것은 공생(의존)이 충분히 되지 않았기 때문입니다. 갓난아이일 때 젖을 충분히 먹으면 더 먹으라고 해도 밀어내듯이 충분히 의존을 받은 자녀는 건강하고 자연스럽게 독립적으로 자신의 할 일을 하게 됩니다. 그러나 충분히 의존하지 못한 자녀는 잘 떨어지지 않으려고 합니다. 반대로 사춘기가 되어 자녀가 독립하고 싶은데 부모가 여전히 어린아이처럼 생각해서 무엇이든 간섭하려고 하면 독립과 의존에서 문제가 발생합니다.

- 부모는 자신의 삶을 누리지 못하고,
- 자녀는 독립적인 성장을 저해당하며 좌절감을 느끼게 됩니다.

공생이 지나치게 깊어지면 관계는 병들게 됩니다. 한쪽이 지나치게 희생하는 관계는 상대방에게는 이득이 될지 몰라도, 희생된 쪽은 결국 자신을 잃고 무너져 가기 마련입니다.

공생의 따뜻함과 분리의 필요성

공생은 특정 시기에 필요하지만, 관계를 건강하게 유지하려면 분리가 반드시 필요합니다. 공생은 서로의 삶을 공유하고 의지하는 따뜻함을 주지만, 지나친 공생은 한쪽의 자아를 희생시키는 결과를 낳습니다. 반대로, 분리가 지나치면 관계가 단절되어 소통과 애정이 사라질 위험이 있습니다.

그러므로 공생과 분리 사이의 균형을 유지하는 것이 중요합니다.

- 부모와 자녀는 서로 독립적인 삶을 살아가면서도, 적절한 때에 만나 즐거움을 나누는 관계를 형성해야 합니다.
- 부부는 각자의 독립성을 존중하면서도, 함께하는 시간을 소중히 여기는 지혜가 중요합니다.

건강한 관계를 위한 균형 잡기

공생과 분리는 서로를 보완하는 관계의 두 축입니다. 어느 한쪽으로 치우치지 않고 균형을 잡아 갈 때, 관계는 병들지 않고 건강하게 지속될 수 있습니다.

독립은 개인의 정체성과 자율성을 키우고, 공생은 서로에게 안정감과 따뜻함을 제공합니다. 이 두 축이 균형을 이루는 순간, 관계는 서로에게 긍정적인 에너지를 주고받는 연결로 변화합니다. 공생과 분리의 균형을 잡는 방법은 다음과 같습니다.

서로의 공간을 존중하세요. 공생이 필요한 순간과 분리가 필요한 순간을 구분하고, 서로의 공간과 시간을 존중하세요. 독립을 두려워하지 마세요. 독립은 관계의 단절이 아니라, 더 건강한 연결을 위한 과정입니다. 대화로 소통하세요. 상대방의 기대와 나의 욕구를 솔직하게 나누는 대화는 갈등을 줄이고 이해를 높입니다.

스스로를 잃지 마세요. 공생 속에서도 자신의 정체성을 잃지 않는 것이 중요합니다. '나'를 지키는 것이 곧 관계를 건강하게 유지하는 길입니다.

공생과 분리를 넘어, 진정한 연결로

관계는 끊임없는 균형의 예술입니다. 공생과 분리는 상반된 개념이 아니라, 서로를 보완하며 더 깊은 연결을 이루는 과정입니다. 독립적인 개체로 살아가며, 필요한 순간에 서로를 의지할 줄 아는 관계야말로 진정한 공생의 의미를 완성합니다.

- 함께할 때는 따뜻하게, 떨어져 있을 때는 자유롭게.

공생과 분리의 균형 속에서 우리는 서로에게 더 건강하고 아름다운 존재가 될 수 있습니다.

"공생은 따뜻함을 주고, 분리는 자유를 줍니다. 이 두 가지를 균형 있게 품을 때, 관계는 가장 빛나는 형태로 우리를 이어 줍니다."

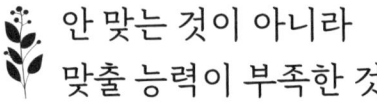
안 맞는 것이 아니라
맞출 능력이 부족한 것

"우리는 정말 안 맞아. 달라도 너무 달라!"

많은 커플들이 이렇게 말합니다. 그러나 안 맞는 것이 아니라 맞출 능력이 부족한 것입니다. 모두가 다 다르기에 맞추면서 사는 것입니다. 맞추고 싶지 않으면 갈등이 생기게 됩니다. 그러나 세상을 살아가는 동안 갈등이 없을 수는 없습니다. 결혼 생활도, 사랑의 관계도 갈등을 완전히 피할 수는 없습니다. 중요한 것은 갈등의 유무가 아니라, '갈등을 어떻게 해결할 것인가'입니다

올바른 질문은 이렇게 시작되어야 합니다.

"어떻게 하면 갈등을 잘 해결할 수 있을까?"

이 세상에 처음부터 잘 맞는 커플은 없습니다. 갈등 없는 커플이 존재한다면, 그것은 그들이 성장 과정에서 갈등을 풀고 해결하는 방법을 배웠기 때문입니다. 갈등은 피하는 것이 아니라, 풀고 해결해야 하는 문제입니다.

부부의 갈등은 세대를 넘어 영향을 미친다

부부의 갈등은 단순히 두 사람의 문제로 끝나지 않습니다. 부부가 갈등을 덮어 두거나 외면하면, 그 여파는 고스란히 자녀에게까지 전해집니다.

- 해결되지 않은 문제는 자녀에게 보이지 않는 방식으로 영향을 미칩니다.
- 부모가 갈등을 덮어 두면, 그 상처는 자녀의 감정적, 심리적 문제로 이어질 수 있습니다.
- 부모가 해결하지 못한 문제는 자녀의 삶에도 그림자를 드리우며, 다음 세대에도 반복될 수 있습니다.

부부의 갈등은 단순히 시간을 두고 덮는다고 해결되지 않습니다. 덮어 두면 문제는 더 깊어지고, 시간이 지나면서 더 심각한 갈등과 상처를 남기게 됩니다. 마치 곪은 상처를 방치하면 감염이 퍼지듯, 덮어 둔 갈등은 언젠가 더 큰 문제로 폭발하게 됩니다.

부부가 힘든 이유: 서로의 결핍을 채우려는 욕구

부부가 힘든 이유는 서로에게 없는 것을 채워 달라고 요구하기 때문입니다. 결혼 전에는 상대방의 장점을 보고 끌립니다.

"그는 남자답고, 책임감 있고, 든든해 보여."

"그녀는 온화하고, 부드럽고, 나를 위로해 줄 것 같아."

그러나 결혼 후에는 상대방에게 기대했던 모습이 결핍으로 느껴지기 시작합니다.

남자답고 책임감 있는 배우자는 자상함이 부족하다고 불평하게 되고, 온화하고 부드러운 배우자는 우유부단하다고 느끼게 됩니다. 이러한 갈등의 근본에는 결핍의 욕망이 자리 잡고 있습니다. 어릴 적 부모로부터 충분히 받지 못한 사랑, 애정 표현, 스킨십은 우리의 내면에 결핍을 남깁니다. 이 결핍은 욕망으로 변하고, 우리는 이 욕망을 채우기 위해 배우자에게 기대를 걸게 됩니다.

연애 시절에는 이러한 욕망이 채워지는 듯 보입니다.

- 서로에게 관심을 기울이고,
- 상대방을 위해 노력하며,
- 작은 행동 하나에도 기뻐하며 사랑을 나눴으니까요.

그러나 결혼 후 시간이 지나면서 관심과 노력이 줄어들고, 다시 결핍이 느껴지기 시작합니다. 그때부터 갈등이 시작됩니다.

배우자는 부모가 아니다

결혼에서 가장 중요한 사실은, 배우자는 부모가 아니라는 것입니다. 배우자는 나를 키워 주는 존재가 아닙니다. 부부는 함께 살아가며 서로 성장하고, 자녀를 키우며 인생을 동행하는 파트너입니다.

배우자에게 부모의 역할을 기대하는 순간, 관계는 흔들리기 시작합니다. 상대가 부모처럼 나를 무조건 채워 주기를 기대하기보다는, 두 사람이 함께 부족함을 채워 나가는 동반자로서의 관계를 만들어야 합니다.

다름은 부족함이 아니라, 성장의 기회

완벽한 사람은 없습니다. 부부란 서로 다른 배경과 특성을 가진 사람들이 만나, 부족함을 채워 가며 함께 성장하는 관계입니다.

배우자가 나와 다르다는 것은 맞지 않는 것이 아니라, 하늘이 우리에게 서로를 보완할 기회를 준 것일지도 모릅니다. 어쩌면 신께서 내게 없는 것을 배우고 채우라고, 지금의 배우자를 내 곁에 보내신 것은 아닐까요?

부부란 서로를 이해하고, 부족함을 나누며, 통합된 인격으로 성장해 가는 과정입니다.

갈등을 두려워하지 말라

갈등은 문제가 아닙니다. 갈등은 서로를 이해하고, 사랑을 확인하는 기회입니다.

- 갈등은 덮는 것이 아니라, 대화와 노력으로 풀어 나가야 합니다.
- 서로의 다름을 인정하고 받아들일 때, 부부 관계는 더 깊어집니다.
- 배우자는 나의 결핍을 채우기 위한 존재가 아니라, 함께 성장해 가는 동반자입니다.

결혼은 새로운 삶을 만들어 가는 여정

결혼은 나와 같은 사람을 찾는 일이 아닙니다. 결혼은 나와 다른 사람과 함께 새로운 삶을 만들어 가는 여정입니다.

부족한 부분을 이해하고 채워 나갈 때, 부부 관계는 더 깊고 풍요로워질 수 있습니다.

서로 안 맞는 것이 아니라 맞추는 방법을 모르거나 맞추고 싶지 않은 것입니다. 부모, 자식 간에도 서로 다릅니다. 서로 다른 부분을 이해하고 맞추어 나가는 것이 관계입니다. 안 맞는다는 것은 다른 점을 이해하고 함께 해결해 나가려는 노력을 하지 않는 것입니다.

다름을 맞추는 능력이 사랑의 시작이다

다름은 곧 부족함이 아닙니다. 다름은 서로를 풍요롭게 하고, 관계를 성장시키는 기회입니다. 결혼은 갈등이 없는 완벽한 상태를 만드는 것이 아니라, 다른 두 사람이 함께 맞춰 가는 과정입니다. 서로의 다름을 인정하고, 보완하며 살아갈 때, 결혼은 단순한 계약이 아니라, 함께 성장하는 가장 아름다운 여정이 될 것입니다.

"다름을 사랑하라. 그 다름 속에서 우리는 더 깊고 넓은 사랑을 배운다."

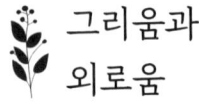 그리움과
외로움

우리는 살아가며 사랑하는 사람을 잃기도 하고, 때로는 가장 가까운 사람들과 함께 있어도 외로움을 느끼기도 합니다. 특히 가족과의 이별은 그리움과 외로움이라는 두 감정을 한꺼번에 불러옵니다.

그리움과 외로움의 차이

그리움은 대상이 있는 감정입니다. 내 마음속에 자리 잡은 누군가의 모습을 떠올리며 느끼는 감정이죠. 반면, 외로움은 대상이 없는 상태에서 오는 깊은 허기입니다.

그리움과 외로움은 종종 혼재되어, 우리는 외로움을 그리움으로 착각하기도 합니다. 그리움은 생각입니다. 추억을 떠올리며 느끼는 감정입니다. 외로움은 느낌입니다. 마음 한구석이 텅 비어 있는 듯한 고통스러운 상태입니다. 때로는 그리움이 외로움을 달래 줄 수도 있고, 반대로 외로움이 그리움을 더욱 깊게 만들기도 합니다. 하지만 두 감정은 분명히 다릅니다.

외로움의 깊은 뿌리

외로움은 단순히 혼자 있을 때만 느껴지는 것이 아닙니다. 주변에 가족이나 친구가 있어도 여전히 외로움을 느끼는 사람들이 있습니다. 그런 사람들은 대상을 마음속으로 받아들이지 못하기 때문입니다. 이런 사람들에게 외로움은 단순한 고독이 아니라, 마음속 빈 공간에서 비롯된 깊은 허기입니다. 그 빈 공간은 어린 시절 충분한 사랑과 신뢰를 경험하지 못했을 때 생겨납니다.

대상항상성: 내면의 안정감의 열쇠

대상항상성은 우리의 마음이 외로움을 어떻게 다루는지 결정짓는 중요한 요소입니다. 대상항상성이란, 내 곁에 누군가가 있든 없든, 그 사람에 대한 안정적이고 긍정적인 이미지가 내 마음속에 자리 잡고 있는 상태를 말합니다. 어린 시절, 대상항상성은 부모와의 관계에서 형성됩니다.

아이가 울 때 부모가 바로 다가와 달래 주는 경험을 하게 되면 부모가 옆에 없지만 어딘가에 있어서 곧 돌아온다는 신뢰를 만들어 내게 됩니다. 그리고 그 부모와의 만족하고 좋은 경험이 많이 쌓이면 부모의 좋은 이미지(상)가 마음에 맺히게 됩니다. 그러면 부모가 잠시 없어도 마음에 있는 부모에 대한 좋은 이미지로 인해 부모가 내 옆에 있는 느낌을 갖고 잘 견딥니다.

하지만 울고 울어야 부모가 겨우 다가오거나 부모와 힘들고 부정적인 상호작용이 반복된다면, 부모의 좋은 이미지를 마음에 담을 수 없어서 대상항상성은 제대로 형성되지 못합니다. 이로 인해 사람들은 관계 속에서 불안을 느끼거나, 누군가의 부재를 견디지 못하며, 외로움에 깊이 빠지게 됩니다. 이 경우 옆에 누가 있어도 마음에 깊이 넣지 못하고 늘 허전하고 외로움을 느낍니다.

외로움과 대인 관계

대상항상성이 확립된 사람은 관계에서 안정감을 느낍니다. 곁에 누군가가 없더라도, 마음속에 그 사람의 따뜻한 존재를 떠올릴 수 있기 때문입니다.

"내가 그리워하는 사람은 지금 없지만, 그의 마음은 여전히 내 안에 있다." 이런 사람들은 관계에서도 신뢰를 바탕으로 긍정적인 경험을 만들어 갑니다.

반면, 대상항상성이 부족한 사람들은 관계에서 지속적으로 불안을 느낍니다. 상대가 자신을 떠날까 봐 끊임없이 불안해하거나, 그 사람의 부재를 견디지 못해 집착하거나, 마음속에 타인을 들이지 못하고 거리를 유지하려 합니다. 결국, 외로움은 단순히 곁에 누군가가 없어서 생기는 감정이 아니라, 내 마음속에 누군가를 온전히 들이고 신뢰하지 못하기 때문에 생기는 감정입니다.

외로움을 치유하는 법

외로움은 반드시 부정적인 감정만은 아닙니다. 그것은 내 안에 관계의 필요성과 사랑받고 싶은 마음이 존재한다는 증거입니다. 외로움은 부정하거나 회피한다고 사라지지 않습니다. 오히려 그 빈 공간을 마주하고, 그것이 왜 생겼는지 돌아보는 것이 첫걸음입니다. 외로움을 치유하려면 곁에 있는 사람을 마음으로 받아들여야 합니다. 누군가를 마음속에 들인다는 것은 신뢰를 필요로 합니다. 타인을 신뢰하고 마음에 받아들일 때, 우리는 내면의 빈 공간을 채울 수 있습니다. 곁에 있는 사람들의 따뜻함과 사랑을 받아들이고, 그들과의 관계를 통해 안정감을 느껴야 합니다. 주변에 사람이 많아도 그 사람을 마음에 들이지 못하면 늘 허전하고 외롭습니다. 마음에 그 사람을 들인다는 것은 그를 믿고 그가 하는 작은 행동에도 감사함과 미안함 등의 마음을 내 속에 쌓는 것입니다.

마음을 채우는 새로운 여정

외로움과 그리움은 우리를 아프게 하지만, 동시에 새로운 길을 찾게 하는 나침반이기도 합니다. 당신의 마음속 빈 공간을 채울 열쇠는 바로 당신 안에 있습니다.

자신을 사랑하고, 관계를 받아들이며, 외로움이 던지는 질문에 답하며, 당신은 더욱 단단하고 풍요로운 사람이 될 것입니다.

"외로움은 내가 진정으로 원하는 것이 무엇인지를 가르쳐 준다. 그리움은 그것을 향한 나의 사랑을 일깨운다."

이 두 감정을 통해 당신은 마음의 빈 공간을 따뜻한 빛으로 채우고, 내면이 충만한 느낌으로 가득 찰 것입니다.

관계는 좀 더 성숙한 사람이 푸는 것

관계는 성숙한 사람이 푸는 것이다

우리 사회는 종종 어른이 아이를 혼내는 문화 속에 머물러 있습니다. 갈등이 생기면 아이가 먼저 다가가 사과해야만 관계가 풀리는 경우가 많습니다. 그러나 아이가 아무리 노력해도 어른이 마음을 열지 않으면 관계는 회복될 수 없습니다. 반대로 어른이 먼저 손을 내밀면, 아이는 안심하고 관계를 풀어 갈 수 있습니다.

관계의 회복은 어른이 먼저 책임지고 해결해야 합니다. 진정한 어른이란 단순히 나이를 먹는다고 되는 것이 아닙니다. 세월을 통해 지혜를 배우고, 마음의 여유를 키워 그 여유로 타인을 품을 수 있는 사람입니다. 어른다운 어른은 자신의 감정과 고통을 스스로 감내하며 풀어낼 줄 알고, 삶의 지혜를 나누어 주는 사람입니다.

진정한 배움과 성숙함

"너희가 진리를 알지니 진리가 너희를 자유케 하리라."라는 성경

구절이 있습니다. 진리를 알면 자신이 가진 편견과 고집에서 벗어나 자유로워질 수 있습니다. 그러나 머리로만 배우는 지식은 오히려 고집을 키우고, 자신의 생각만 옳다고 우기게 만들기도 합니다.

배운다는 것은 내가 가진 지식이 전부가 아님을 깨닫는 것입니다. 자신의 고집과 틀을 내려놓을 때, 마음에 여유가 생기고 다른 사람의 고통과 어려움을 받아들일 공간이 만들어집니다. 반대로 자신의 생각과 편견으로 가득 차 있다면 타인을 판단하고 배척하며, 진정한 공감을 나누기 어렵습니다.

공감은 여유에서 시작된다

어려움을 털어놓을 때, 우리가 기대하는 대답은 단순합니다.
"그래, 너 정말 힘들겠다."
이 한 마디가 얼었던 마음을 녹이는 따뜻한 손길이 될 수 있습니다. 하지만 현실에서는 이런 공감을 받기 어려운 경우가 많습니다.
"그래도 너는 남편도 있고, 자식도 있고, 시어머니도 잘해 주시잖아. 나는 더 힘들어."
이런 말을 들으면 속으로 이렇게 생각하게 됩니다.
'네가 내 마음을 알기나 해?'
왜 공감이 어려운 걸까요? 그것은 상대방도 자신만의 고통에 깊이 잠겨 있기 때문입니다.

- "나는 너만큼 갖지 못했어."
- "내 부족함이 너무 커서 네 이야기를 들어 줄 여유가 없어."

상대가 공감하지 못하는 이유는 그가 나쁘거나 무관심해서가 아닙니다. 오히려 자신이 더 힘들다고 느끼고, 여유가 없어서일 가능성이 큽니다.

여유로운 마음은 자신을 돌아보고, 자신의 틀과 고집을 내려놓을 때 생깁니다. 여유가 있는 사람은 타인의 고통을 받아들이고 공감할 수 있는 공간이 생깁니다. 어른이 될수록 마음도 성숙해져야 합니다. 그래야 젊은 세대를 받아들이고, 삶의 지혜를 나누어 줄 수 있습니다.

결론적으로, 관계를 풀고 공감을 나누는 책임은 성숙한 사람이 먼저 가지는 것입니다. 어른다운 어른은 마음의 여유를 통해 자신뿐만 아니라 타인의 삶도 따뜻하게 품을 수 있는 사람입니다.

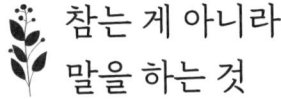
참는 게 아니라
말을 하는 것

어릴 적, 우리는 배웠습니다.

"힘들어도 참아야 한다."

"참을 인(忍) 자 세 번이면 살인도 면한다."

참는 것이 미덕이며, 관계를 유지하는 방법이라 여겼습니다. 그런데 정말 그런가요?

예전에는 결혼할 때, 부모님들이 이렇게 말씀하셨습니다. "살다가 힘든 일이 생기면 3년만 참아라." 하지만 그 3년 동안 참다 보니, 마음 한구석에서 화가 치밀기 시작했습니다.

참는다는 것은 단순히 잠시 버티는 것을 넘어, 자신의 감정을 억압하는 것입니다. 문제는 억압된 감정이 결코 사라지지 않는다는 데 있습니다. 그 감정은 언젠가 다른 방식으로 표출됩니다. 참다 보면 결국 버겁고 싫어지고, 결국 그 억눌린 감정이 폭발할 때는 거칠고 날카로운 말과 행동으로 터져 나옵니다.

우리는 참는 것이 관계를 지키는 길이라고 생각합니다. 하지만 참다 보면, 그 감정은 쌓이고 쌓여 갑자기 욱하게 됩니다. 그럼 결국 관계를 깨뜨리는 도화선이 됩니다. 그리고 더 큰 문제는, 그렇게 참다 보면 몸과 마음이 병들게 된다는 점입니다.

왜 우리는 참으라고 배웠을까?

불편함을 표현하는 것은 상대를 공격한다고 생각하고, 상대가 불편하다고 얘기하면 나를 공격하는 것이니 나를 싫어하고 거절한다고 여기기 때문입니다. 그러나 불편함을 말하는 것은 공격이 아닙니다. 그리고 불편함을 얘기하면 싸움이 된다고 생각하고 싸우고 싶지 않아서 참습니다. 싸움으로 가면 관계를 깨뜨린다고 생각하기 때문입니다.

싸우는 것은 나쁘다고 생각해서 살면서 싸워 보지 않고 살아가는 사람들이 있습니다. 그들은 싸움을 나쁘게 여기며 평화로움이 유일한 올바른 길이라 믿습니다. 이 믿음은 깊숙이 자리 잡아, 자식에게조차 할 말을 삼키고, 부모에게도 마음을 숨기며, 부부 사이에도 의견을 표현하지 못하게 만듭니다. 그저 조용히 넘어가는 것이 더 나은 선택이라며, 문제를 억누르고 마음의 짐을 지고 살아갑니다. 하지만 그럴 때마다 그들의 마음속 깊은 곳에서는 외로움과 답답함이 쌓여 갑니다. 물론 과격하게 싸우라는 것이 아닙니다. 여기서 말하는 싸움은 내 의견을 얘기하다가 때로는 다툼이 되고 갈등이 될 수 있고 그것을 두려워하지 말라는 것입니다.

싸움을 두려워하는 사람들에게는 공통된 두려움이 있습니다. 바로 관계가 깨질까 하는 불안감입니다. 부모가 자주 싸우던 어린 시절의 기억, 혹은 싸움이 항상 파국으로 끝나는 경험이 그들의 마음을 지배합니다. "싸우면 가족이 해체되고, 연인이 떠나고, 친구가 등을 돌릴 거야." 이처럼 싸움에 대한 두려움은 '유기불안'이라는 이름의 깊은 상처에서 비롯됩니다. 유기불안은 나 자신이 버려질지도 모른다는 공포, 즉 나라는 존재의 가치를 스스로 부정하는 마음에서 시작됩니다. 하지만 이런 두려움은 반드시 진실일까요?

싸움은 기회가 될 수 있다

사실 싸움은 관계를 깰 수도 있지만, 반대로 관계를 더 깊게 만들 수도 있습니다. 싸움은 서로가 서로에게 얼마나 중요한 존재인지를 드러내는 순간일 수 있습니다. 싸움을 피하지 않고, 상대의 감정을 존중하며 내 감정 또한 솔직하게 표현한다면, 그것은 단순히 큰소리치는 일이 아니라 서로를 이해하는 과정이 됩니다. "당신 정말 기분 나빠요."라고 말할 수 있는 용기, 그것은 상대를 믿고 관계를 이어 가겠다는 선언입니다. 싸운 뒤 어색하고 불편한 순간이 있을 수 있습니다. 하지만 그 불편함을 견뎌 내고 다시 마주할 수 있다면, 그 관계는 이전보다 더욱 단단해질 것입니다.

싸움을 두려워하는 사람들은 종종 이렇게 생각합니다. '말하지 않는 것이 평화를 지키는 길이다.' 그러나 말하지 않고 억누르기만 한다면, 결국 마음속에는 더 큰 벽이 생깁니다. 마음속 이야기를 꺼내지 않는다면, 그 관계는 진정한 친밀함을 잃고 겉으로만 유지되는 허울이 될 가능성이 큽니다. 우리가 정말 소중히 여기는 관계라면, 싸움을 피하는 대신 싸움을 통해 더 깊이 이해하고 맞춰 가야 하지 않을까요?

어릴 적 부모님이 싸우는 모습을 보고 불안에 떨었던 기억은 우리에게 강렬한 상처로 남아 있을 수 있습니다. 그때의 경험이 우리에게 '싸우면 모든 것이 무너진다.'는 고정관념을 심어 주었을지 모릅니다. 하지만 성인이 된 우리는 그 어린 시절을 넘어, 성숙하고 건강한 방식으로 갈등을 마주할 수 있습니다. 싸움은 반드시 이별을 뜻하지 않습니다. 오히려 싸움을 통해 서로의 감정을 나누고, 새로운 이해를 만들어 갈 수 있습니다.

중요한 것은 싸움을 피하지 않는 것입니다. 누군가 나를 불편하게 할 때, 혹은 내가 누군가에게 불편함을 느낄 때, 그것을 참지 말고 표현하는 용기를 가져야 합니다. "이건 좀 기분 나빠요."라고 말할 수 있다면, 그 순간부터 관계는 진정성을 찾을 수 있습니다. 만약 단 한 번의 싸움으로 끝나 버릴 관계라면, 그것은 진정한 사랑이나 우정이 아니었을지도 모릅니다.

싸움은 평생 함께하고 싶은 관계를 다지는 과정입니다. 서로가 서로를 더 깊이 이해하고, 진짜 마음을 나누는 기회입니다. 싸움을 두려워하기보다, 그 안에 숨겨진 관계의 가능성을 발견해 보세요. 싸움을 통해 더 단단해진 관계는 어떤 고난 속에서도 흔들리지 않는 강한 기반이 되어 줄 것입니다. 오히려 그것은 관계를 더 친밀하게 만드는 중요한 대화입니다. 참고 말을 안 하는 것은 관계하기 싫다는 무의식이 있습니다.

불편함을 말하지 못하면, 상대는 내 마음을 알 수 없습니다. 말하지 않고 상대가 알아서 내 마음을 헤아리기를 바라게 됩니다. 그리고 그것은 무언의 기대와 실망을 낳습니다.

불편하다고 말하는 것은 친밀함의 시작이다

불편할 때, 불편하다고 말하세요. 그것은 상대를 비난하거나 공격하는 것이 아니라, 오히려 관계를 더 깊이 이해하고 존중하기 위한 행위입니다.

"이 상황이 조금 불편해요."
"이 부분이 제게 어려워요."
"이건 제게 힘든 일이에요."

이렇게 담담하게 말하면 됩니다. 말하지 않으면 상대는 절대 알 수 없습니다. 말을 하는 것은 대화하고 싶고 관계를 회복하고 싶다는 것입니다.

말하지 않고 쌓이는 감정은 불씨가 되어 언젠가는 큰불로 번질 위험이 있습니다. 그러니, 불편하다고 솔직히 말하는 것이 나와 상대 모두를 위한 길입니다.

물론, 모든 불편함을 말로 표현할 수는 없습니다. 때로는 상대를 배려하거나, 감사한 마음으로 감수해야 할 불편함도 있습니다. 그것은 그 관계에서 받은 은혜를 소중히 여기는 마음에서 비롯된 것입니다. 그러나 그런 특별한 경우를 제외하고는 내 마음을 숨기고 참는 것은 결코 건강한 관계를 만들지 않습니다.

불편함을 말하는 것은 나를 사랑하는 방법이다

 불편한 것을 솔직히 말하는 것은 스스로를 존중하고 사랑하는 법을 배우는 과정입니다.

- 나를 소중히 여기는 만큼, 내 감정도 소중히 여겨야 합니다.
- 내가 진정으로 나를 사랑해야, 상대와도 건강한 관계를 이어 갈 수 있습니다.

 "참는 것이 아니라, 말하는 것입니다."
 불편함을 표현하는 것이야말로 우리를 더 자유롭게 하고, 관계를 더 단단하게 만들어 줄 것입니다.

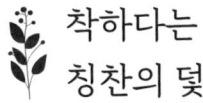
착하다는 칭찬의 덫

어느 날, 한 방송인의 이야기가 뉴스에 보도되었습니다. 오랜 시간 가족을 위해 헌신하며 번 돈이 모두 가족들에 의해 사라졌고, 결국 그는 소송을 통해 그들과 싸워야 했습니다. 그는 많은 사람들에게 사랑받는 스타였지만, 동시에 대표적인 '착한 아이'의 모습이었습니다.

"너 착해."라고 들으면서 자랐습니다. 다른 사람의 말을 잘 들어주기 때문에 착하다고 합니다. 착한 아이. 겉으로 보기엔 참 좋은 말처럼 들리지만, 그 이면에는 깊은 비극이 숨어 있습니다. 착한 아이들은 사랑을 듬뿍 받고 자라서 착해진 것이 아닙니다. 오히려 사랑을 충분히 받지 못했기에, 그 사랑을 얻기 위해 자신을 희생하며 자란 경우가 많습니다.

'내가 이렇게 하면 엄마가, 아빠가 날 사랑해 주겠지. 내가 열심히 하면 가족이 행복해지겠지.' 이런 마음으로 자신의 삶을 뒤로한 채, 부모와 가족의 기대에 부응하려 애쓰며 살아갑니다.

부모와 자녀의 뒤바뀐 역할

대표적인 착한 아이가 조숙한 아이, 부모화된 아이입니다. 종종 어린 시절부터 '부모 역할'을 하게 됩니다. 엄마의 짐을 나누어지고, 동생을 돌보고, 가사를 책임지며 부모가 해야 할 일을 대신합니다. 이런 아이들에게는 아이답게 굴 기회가 주어지지 않습니다. 부모는 자녀를 자녀로 대하지 않고 동료로 여기며, 심지어는 자녀에게 의지합니다. 가정 내에서 일어나는 이 심리적 역전은 종종 무의식적으로 이루어지지만, 아이들에게는 엄청난 부담으로 남습니다. 어른의 책임을 떠안은 아이는 자신의 욕구를 억누르며 부모의 기대에 부응하는 것을 삶의 목표로 삼습니다.

"엄마가 행복하면 나도 행복하다."

"엄마가 날 칭찬하면 그걸로 충분해."

착한 아이들은 이런 마음으로 자신의 진짜 감정을 억누르며 삽니다. 그리고 그 억눌린 감정은 마음 깊은 곳에서 억울함과 분노로 쌓이게 됩니다.

착하다는 칭찬의 덫

착한 아이들은 "너는 정말 착하다."는 칭찬을 받을 때마다 그 역할에 더 깊이 묶입니다. 칭찬은 잠시 위로가 되지만, 그 대가로 더 큰 책임과 희생을 요구받습니다. 결국 그들은 자신의 진짜 욕구를 외면하고, 자신의 삶이 아닌 타인의 삶을 살게 됩니다. 이 과정에서 자신이 무엇을 원하는지조차 잊어버리게 되죠. 억압된 마음의 상처는 시간이 흐르면서 우울증, 불안, 정서적 공허감으로 나타납니다.

착한 아이의 억눌린 분노

착한 아이들은 언젠가 자신을 짓누르던 굴레를 깨닫게 됩니다. 억울함과 분노가 터져 나오며 그들은 스스로를 되찾으려 합니다. 때로는 관계를 단절하며, 때로는 자신을 해치며 그 억눌린 감정에 대응합니다. 하지만 관계를 끊지 못하거나 자신의 감정을 해결하지 못하면, 그들은 결국 우울증에 시달리며 스스로를 탓하기 시작합니다.

이것이 착한 아이의 비극입니다. 그들은 결코 '나쁜 아이'가 아니었지만, 자신을 위해 살아 본 적이 없기 때문에 나중에는 자신조차도 자신을 이해할 수 없게 됩니다.

"당신은 다른 사람을 위해 희생하라고 태어난 게 아닙니다. 당신은 자신의 인생을 살라고 태어났습니다."

착한 아이로 자란 이들은 이제 자신을 위해 살아야 합니다. 자신을 위해 산다는 것이 타인에게 피해가 되는 것이 아닙니다. 내가 나로 살고 잘 살게 되었을 때 여유가 있을 때 타인을 돕고 살면 됩니다. 타인의 기대에 맞추며 살던 삶을 뒤로 하고, 자신의 욕구와 감정을 마주해야 할 때입니다. 당신의 가치는 누군가의 인정이나 칭찬에 있지 않습니다. 당신의 존재 자체로 이미 충분히 소중합니다.

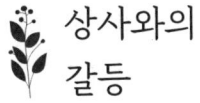
상사와의 갈등

"팀장이면 다예요? 일도 못하고 능력도 없으면서 지시만 하고…. 팀장 때문에 회사 가기가 싫어요."

이 말은 많은 직장인들이 한 번쯤 품어 보았을 마음일지도 모릅니다. 능력 없는 상사가 부당하게 느껴지고, 그의 지시가 비합리적으로 보이며, 그와 함께 일하는 것이 괴롭고 힘들게 느껴질 때가 있습니다. 하지만 이런 감정은 단순히 상사와의 문제가 아닐 수도 있습니다. 왜냐하면, 이런 감정의 뿌리는 종종 우리가 성장하면서 겪었던 어릴 적 권위자와의 관계에서 비롯되기 때문입니다.

상사에게 느끼는 감정의 뿌리

상사를 보며 불합리함과 분노를 느끼는 순간, 우리의 내면 깊은 곳에서 어린 시절 부모와의 기억이 떠오를 수 있습니다. 특히, 부모가 말과 행동이 일치하지 않았거나, 우리의 감정을 무시하며 자신의 생각을 강요했던 경험이 있다면, 그때 느꼈던 억울함과 분노가 무의식에 저장되어 있을 가능성이 큽니다.

어릴 적에는 부모에게 직접적으로 반항하거나 감정을 표현할 수 없었습니다. 힘없는 어린이는 부모의 권위를 억지로라도 따르며, 속으로는 부모를 원망하고 무시하는 마음을 쌓아 갑니다. 그 억눌린 감정이 시간이 지나면서 권위자를 만날 때마다 다시 떠오르게 됩니다. 부유물들이 수면 밑에 가라앉았다가 태풍이 불 때 떠오르는 것과 같습니다. 무의식에 수면 아래 깊숙이 있던 감정들이 어릴 적과 비슷한 사람이나 상황을 만나면 미처 알기도 전에 의식 위로 떠오릅니다.

직장 상사가 마치 어린 시절의 부모처럼 느껴지는 겁니다. 그가 무능력해 보이거나 부당하게 느껴질 때, 우리는 과거 부모를 향해 품었던 감정을 상사에게 투영하게 됩니다. 상사가 부드럽고 친절하게 대해 주면 고맙지만 꼭 나에게 친절하게 부드럽게 대해 주어야 할 의무는 없습니다.

상사와의 갈등, 그리고 나의 태도

이런 감정은 종종 겉으로는 순종하는 척하면서 속으로는 상사를 욕하거나 무시하는 방식으로 나타납니다. 때로는 상사에게 트집을 잡고, 반대를 위한 반대를 하며 부딪치기도 합니다. 물론 상사가 정말 부당하다면 갈등이 되고 이를 적절한 방식으로 해결해야 합니다. 그러나 상사가 자격이 없는 것 같고 괜한 미움이 생긴다면 결국 우리의 사회생활을 어렵게 만들고, 직장 내 관계에서 고립감을 느끼게 합니다.

더 나아가, 아이러니하게도 이런 사람들은 약자에게 권위적으로 행동하려는 경향을 보이기도 합니다. 자신이 어린 시절 부모에게 느꼈던 억울함을 무의식적으로 되풀이하며, 약한 사람들에게 부당한 태도를 취하는 겁니다.

감정을 직면하고, 성숙한 대화를 시도하라

이제는 우리의 내면을 돌아볼 때입니다.
"왜 상사가 이렇게 불편하게 느껴지는 걸까?"
"그가 정말 부정한 방법을 사용하는가?"
"내가 정말로 화가 나는 이유는 무엇일까?"
상사가 부도덕하거나 법적으로 문제가 되는 행동을 하지 않았다면, 그의 모든 행동을 비난하거나 무시하기보다는 내가 느끼는 불만의 뿌리를 돌아보아야 합니다.

과거와 현재를 분리하기

상사를 향한 감정은 종종 과거 부모와의 관계에서 비롯된 것입니다.
"지금의 상사는 내 부모가 아니다. 나는 더 이상 힘없는 어린아이가 아니다." 이렇게 스스로에게 말하며, 과거의 감정에서 벗어나야 합니다.

당당하게 의견을 전달하기

지금은 어릴 적처럼 혼나거나 야단맞을까 봐 두려워할 필요가 없습니다. 상사에게 힘든 점이나 부당하다고 느낀 점을 솔직히 이야기하면 됩니다. 그러나 대화할 때는 그의 권위를 인정하는 태도로 접근해야 합니다. "팀장님, 제가 생각하기에 이런 점이 보완되면 좋을 것 같습니다." 이런 식으로 상대방을 존중하며 의견을 표현하는 것이 중요합니다.

권위의 의미를 이해하기

권위란 질서를 유지하기 위해 필요한 요소입니다. 권위가 부당한 권력으로 남용될 때 문제가 되지만, 권위를 부정하는 태도는 관계를 더 악화시킬 뿐입니다. 상대의 권위를 인정하면서도 나의 의견을 피력하는 균형 잡힌 태도가 필요합니다.

상사와의 관계에서 성숙한 태도를 유지하는 것은 우리의 사회생활뿐 아니라 내면의 성장에도 중요한 영향을 미칩니다.

"겸손하되 비굴하지 않고, 당당하되 교만하지 않게." 이 말은 단순한 처세술이 아니라, 타인과의 관계에서 스스로를 지키며 건강하게 살아가는 방식입니다.

상사가 잘못했다고 느껴질 때, 그를 무조건 부정하거나 싸우기보다는 의논과 대화를 통해 문제를 해결하려고 노력해 보세요. 이 과정에서 내 감정을 직면하고 다스리는 법을 배우는 것은 삶에서 큰 자산이 될 것입니다.

권위와의 관계에서 자유로워지기

우리 모두는 어릴 적 권위자에게 느꼈던 억압과 분노를 현재의 관계에서 투영하며 살아가고 있을지도 모릅니다. 그러나 이제 우리는 더 이상 어린아이가 아닙니다. 내 감정을 스스로 다루고, 타인과의 관계를 성숙하게 만들어 갈 힘을 가진 존재입니다.

상사에게 화가 날 때, 그 감정을 억누르거나 부정하지 마세요. 왜 그런 감정이 생겼는지 차분히 들여다보고, 그 감정을 건강한 방식으로 풀어 나가세요.

권위란 질서를 지키는 도구이지, 나를 억누르는 족쇄가 아닙니다. 상사와의 갈등을 성장의 기회로 삼아, 더 성숙하고 단단한 내가 되기를 바랍니다.

그 사람의 신발을
신어 보기 전에는

젊은 사람들은 나이 든 사람의 행동이 이해되지 않을 때가 많습니다. 그래서 세대 간 갈등이 일어나기도 합니다.

"나는 저렇게 늙지 않을 거야."

"나는 우리 엄마처럼 살지 않을 거야."

젊음의 자신감 속에서 우리는 타인의 선택과 행동을 가볍게 평가하곤 합니다.

80세가 넘은 엄마가 얼굴의 검버섯을 제거하고 오는 모습을 보며 속으로 이렇게 생각할 수 있습니다.

"그 나이에 얼굴을 깨끗하게 해서 뭐 하시려는 걸까?"

"나이 들면 나이 든 대로 살아야지. 왜 저렇게 유난일까?"

머리를 염색하며 흰머리를 감추는 모습조차 이해되지 않을 수 있습니다.

"흰머리는 자연스러운 건데, 왜 그렇게 꾸미려고 하실까?"

"나는 나이 들면 흰 대로 자연스럽게 살아야지."

어른들은 이런 말을 합니다. "너도 내 나이 되어 봐라."

세월은 빠르게 흘러갑니다. 몇 년이 지나면, 아니 몇 달만 지나도 내 생각은 변하고, 내 선택은 바뀌고, 내가 무심코 비난했던 어른의 행동이 조금씩 이해되기 시작합니다.

"아, 그래서 그랬구나."

"엄마도 그럴 만한 이유가 있었던 거였구나."

그렇게 어른의 행동이 이해가 안 되었던 사람이 그 어른보다 더하면 더했지 절대 덜하지 않음을 깨닫습니다.

나만의 시선에서 벗어나기

속담에 이런 말이 있습니다. "우물에 침 뱉지 마라. 네가 뱉은 침을 다시 마시게 될 날이 올 것이다."

그 사람의 신발을 신어 보지 않고는 그가 걷고 있는 길의 어려움과 이유를 알 수 없습니다. 내 얄팍한 경험과 지식만으로 누군가의 삶을 함부로 판단하고 충고하는 것은 위험합니다. 왜냐하면, 우리가 비난하는 대부분의 행동 뒤에는 그럴 만한 이유가 있기 때문입니다. 그들은 그들의 신념과 가치관 속에서, 자신만의 방식으로 살아가고 있습니다. 잠깐의 다름을 두고 그것이 마치 옳고 그름의 문제인 것처럼 싸울 때가 있습니다. 그러나 다름은 그저 다름일 뿐, 그것이 틀린 것은 아닙니다. 내가 옳다면 너도 옳을 수 있습니다. 내 답이 정답이라면, 너의 답도 정답일 수 있습니다. 옳고 그름을 따지기보다는 그 마음이 어떤지 살펴보는 것이 중요합니다. 그들이 왜 그런 선택을 했는지, 어떤 감정과 생각이 그들의 행동을 이끌었는지를 이해하려 노력해야 합니다.

세월이 가르쳐 주는 감사

세월이 흐르며 우리는 깨닫게 됩니다. 어릴 적, 나이 든 이들을 이해하지 못했던 나 자신이 얼마나 좁은 시야로 그들을 바라보고 있었는지.

시간이 지나 나이 들어 가면서 그들의 행동과 선택을 이해할 수 있게 된 것은 세월이 준 커다란 선물입니다. 나이 들어 감은 단순히 늙어 가는 것이 아니라, 삶의 다양한 면을 이해하고 받아들일 수 있는 지혜를 배우는 과정입니다. 그 사람이 되어 보지 않고는 이해할 수 없습니다.

당신의 신발, 그리고 나의 신발

오늘도 우리는 서로 다른 신발을 신고 각자의 길을 걷고 있습니다. 때로는 그 길이 낯설어 보일 수 있고, 그들의 선택이 이해되지 않을 때도 있습니다.

하지만 기억하세요. 그들의 신발을 신어 보기 전에는 그들이 걷는 길의 고단함을 알 수 없다는 것을.

"다름은 틀림이 아니다. 세월은 그것을 가르쳐 주는 지혜로운 스승이다."

오늘 내가 이해하지 못하는 그들의 모습이, 언젠가 내 모습이 될지도 모릅니다. 그러니 함부로 판단하거나 비난하지 말고, 그들의 마음과 길을 조용히 이해하려 애써 보세요.

"그 사람의 신발을 신어 보기 전에는 말할 수 없나 봐요." 이 단순한 진리가 우리 모두의 삶을 더 따뜻하고 너그럽게 만들어 줄 것입니다.

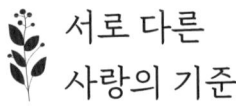 ## 서로 다른 사랑의 기준

남편이 척척 알아서 해 주지 않으면 화가 나고 자신을 사랑하지 않는 것처럼 생각되는 사람이 있습니다.

"왜 남편은 알아서 척척 해 주지 않을까요? 나는 이렇게 알아서 잘하는데, 왜 저 사람은 내가 말하지 않으면 움직이지 않을까? 어떻게 매번 말을 해야 하지? 사랑한다면 알아서 해 줘야 하는 것 아닌가?"

이 질문은 많은 부부들이 갈등 속에서 품는 생각일지도 모릅니다. 특히 독립적으로 살아온 사람들은 스스로 척척 해내는 자신처럼 상대방도 척척 알아서 해 주길 기대합니다. 하지만 상대가 그 기대에 부응하지 않을 때, 화가 나고, 상처를 받으며, "나를 사랑하지 않는 건가?"라는 오해까지 하게 됩니다.

왜 척척 해 주지 않을까?

어릴 적, 척척 알아서 해 주는 사람이 없던 환경에서 자란 사람들은 스스로의 욕구를 스스로 해결해야 했습니다. 누군가 자신의 마음을 알아주기를 바라면서도 그 바람은 번번이 좌절되었을 겁니다. 이런 경험은 성인이 된 후에도 영향을 미칩니다. "내가 힘들게 말하지 않아도, 나의 욕구를 알아서 들어주는 사람이 있었으면 좋겠어. 내가 해야 하는 상황들이 힘들다." 그 어린 시절의 간절한 소망이 부부 관계에서 다시 고개를 들게 되는 것입니다.

문제는, 상대방도 우리의 마음을 척척 알아서 채워 줄 만큼 모든 걸 알 수는 없다는 데 있습니다. 특히 남편과 아내는 서로 다른 경험과 환경 속에서 자랐기 때문에, 서로의 기대가 어긋나는 일이 자주 일어납니다.

남편과 아내의 다른 경험

여성은 아이를 배 속에 품고, 아이가 배고프다고 말하지 않아도 먹여야 하는 경험을 통해 상대방의 필요를 미리 알아차리는 능력을 키웁니다.

반면, 많은 남성들은 어릴 적부터 누군가의 요구를 받아들이는 역할에 익숙합니다. 이들은 누군가 요청할 때 행동하는 법을 배우지, 요청 없이 알아서 움직이는 법을 배운 적이 적습니다. 그래서 남편은 "말하지 않으면 몰라요." 말하지 않아도 알아서 해 주길 기대하는 아내와의 갈등은 여기서 비롯됩니다. 그래서 척척 알아서 해 주지 않는 남편이 아내는 자신을 사랑하지 않는다고 느낍니다. 남편의 입장에서는 아내가 말을 할 때 들어 주는 것이 사랑이라고 생각합니다. 아내를 사랑하기에 말을 하면 들어 주는 것입니다. 말을 해야 들어 주는 것, 사랑입니다. 사랑하지 않는다면 말을 한다고 들어 줄 리가 없기 때문입니다.

사랑의 언어를 배우다

게리 채프먼의 《5가지 사랑의 언어》는 이 갈등의 핵심을 이해하는 데 큰 도움을 줍니다. 그는 사랑을 표현하는 방식이 다섯 가지로 나뉜다고 설명합니다. '인정하는 말, 함께하는 시간, 선물, 봉사, 스킨십'이라고 합니다. 인정하는 말이 사랑의 언어인 사람은 "고마워.", "사랑해." 말로 사랑을 표현할 때 사랑을 받는다고 느낍니다. 함께하는 시간이 사랑의 언어인 사람은 무엇이든 함께할 때 사랑하고 사랑받는다고 생각합니다. 선물이 사랑의 언어인 사람은 특별한 날이 아니어도 작은 선물이 큰 사랑으로 다가옵니다. 봉사가 사랑의 언어인 사람은 집안일을 돕거나, 무언가 일을 해 줄 때 사랑이라고 생각하기도 합니다. 또 어떤 이는 포옹, 손잡기, 스킨십을 통해 사랑을 받는다고 느낍니다.

사랑의 언어는 사람마다 다릅니다. 내가 '봉사'로 사랑을 표현하지만, 상대는 '스킨십'으로 사랑을 느낀다면, 서로의 사랑을 알아채지 못할 수 있습니다.

내 사랑의 언어는 무엇일까?

자신의 사랑의 언어를 이해하려면, '내가 상대를 위해 주로 무엇을 하는지', '상대가 나에게 어떻게 해 줄 때 사랑받는다고 느끼는지' 들여다보면 됩니다.

예를 들어,

- 집안일을 도와주지 않을 때 서운하다면, 당신의 사랑의 언어는 '봉사'일 수 있습니다.
- 함께 시간을 보내지 않을 때 서운하다면, '함께하는 시간'이 당신의 언어일 겁니다.
- 칭찬이나 인정의 말로 표현하지 않을 때 불안하다면, '인정하는 말'이 중요한 언어일 수 있습니다.

사랑의 언어가 다르면, 서로의 표현이 이해되지 않을 수 있습니다. 예를 들어, '봉사'가 사랑의 언어인 아내는 남편이 집안일을 돕지 않으면 사랑받지 못한다고 느낍니다.

반면, '스킨십'이 사랑의 언어인 남편은 잠자리를 거부당하면 사랑받지 못한다고 느낍니다. 각자의 기준에서 사랑을 표현하지만, 그 언어가 서로 다르기 때문에 갈등이 생기는 것입니다.

사랑의 언어를 배워야 하는 이유

각자 사랑의 기준이 다릅니다. '내 사랑의 기준만이 옳다.'고 생각하면, 상대방의 사랑을 알아채기 어렵습니다. 내가 배우고 노력해야만 서로 다른 언어를 이해하고, 소통할 수 있습니다. 상대가 어떤 방식으로 사랑을 표현하고 느끼는지 관심을 가져 보세요. 먼저 선순환을 시작하세요. 부부 관계는 순환적입니다. 누군가 먼저 상대의 언어로 사랑을 표현하면, 그 사랑이 돌아와 나에게 흘러들어옵니다.

내 사랑의 기준을 내려놓고 바라보아야 합니다. 내 사랑의 방식이 정답이 아닙니다. 서로 다르다는 것을 인정하면 갈등 대신 이해가 자리 잡습니다.

왜 내가 먼저 해야 하냐고요?

"왜 맨날 내가 먼저 해야 하죠? 저 사람이 먼저 노력하면 안 되나요?"

이 질문에 대한 답은 간단합니다. "왜냐하면, 이 책을 읽고 있는 당신이 더 성숙한 사람이기 때문입니다."

배운 사람, 이해할 줄 아는 사람, 관계를 위해 더 나은 선택을 할 수 있는 사람. 그 사람이 바로 당신입니다. 놀라운 점은, 내가 먼저 상대를 이해하고 사랑을 표현하면 상대도 조금씩 변화하기 시작한다는 것입니다. 이것이 마음의 비밀입니다.

사랑은 배우는 것이다

배우자와의 관계는 끊임없이 배우고 성장하는 과정입니다. 상대의 사랑의 언어를 배우고, 내 사랑의 언어를 표현하며, 함께 맞춰 가는 여정입니다.

오늘은 배우자의 신발을 신고 그가 무엇을 원하는지, 어떻게 사랑을 느끼는지 살펴보세요.

"사랑은 배우는 것이고, 사랑은 먼저 시작하는 것입니다."

당신의 노력으로 시작된 작은 변화가 서로의 관계를 더 따뜻하고 깊은 사랑으로 이끌어 줄 것입니다.

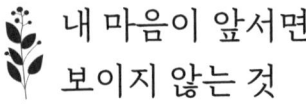 내 마음이 앞서면
보이지 않는 것

누군가를 도와주고 싶다는 마음은 따뜻하고 귀한 마음입니다. 그러나 그 마음이 너무 앞서면, 도움을 받는 사람의 진짜 마음을 보지 못하게 될 때가 있습니다.

내 마음이 상대의 마음보다 커져 버리면 나는 그 사람의 마음과 만나지 못합니다. 내가 도와주고 싶다는 의지가 너무 강하면, 상대가 진짜로 필요한 것이 무엇인지 들을 수 없게 됩니다.

내 마음만 보이는 것이 고집이다

'고집'은 내 마음이 너무 크고 강해서 다른 사람의 마음이 보이지 않는 상태를 뜻합니다. 예를 들어, 마음이 따뜻한 사람은 누군가가 힘들어하는 것을 차마 두고 보지 못합니다. '내가 어떻게든 해결해 줘야 해.', '저 사람의 고통을 덜어 줘야 해.' 이런 마음이 너무 커져 버리면, 그 사람이 때로는 고통을 딛고 일어설 수 있는 힘이 있음을 못 믿게 됩니다. 또한 그 사람이 아픔을 견디고 성장할 기회를 뺏을 수도 있습니다.

섣부른 도움이 때로는 상처를 줄 수 있다

섣부른 도움이 때로는 상처가 될 수 있음을 시인 장 루슬로는 시에서 표현하고 있습니다.

"다친 달팽이를 보게 되거든 도우려 들지 말아라. 그 스스로 궁지에서 벗어날 것이다. 당신의 도움은 그를 화나게 만들거나 상심하게 만들 것이다."

"강물의 등을 떠밀지 말아라. 강물은 나름대로 최선을 다하고 있는 것이다."

달팽이는 자신의 속도로 스스로 나아가야 합니다. 그를 돕겠다는 우리의 손길이 오히려 그를 더 힘들게 만들 수 있습니다.

강물이 스스로 흐르듯, 사람도 자신의 방식대로 문제를 해결하고 성장합니다. 그 흐름을 조급히 재촉하거나 내 방식대로 끌어가려 하면, 상대방은 상처를 받거나 화를 낼 수 있습니다.

내 마음이 앞서면 보이지 않는 것

누군가를 걱정하고 돕고자 하는 마음이 앞서면 상대가 내게 주려는 선물이 보이지 않습니다. 나는 상대가 나에게 무엇을 주지 않았다고 생각하며 원망하지만, 정작 그 사람이 내게 주려고 준비한 선물이 눈에 들어오지 않습니다.

내가 얼마나 힘든지 내 마음에만 몰두하면, 상대의 눈물과 고통이 보이지 않습니다. 나 대신 울고 있는 상대의 눈물을 보지 못합니다.

우리의 마음이 앞서면, 상대의 마음을 제대로 보지 못하게 됩니다.

상대의 마음에 머물러 보기

상대를 진정으로 도우려면, 먼저 내 마음을 잠시 내려놓아야 합니다. 그리고 상대의 마음에 머물러 보는 연습이 필요합니다.

그 사람은 지금 어떤 마음일까? 내가 도와주려는 사람의 마음속에 무엇이 있을지 상상해 보세요. 그 사람이 느끼는 감정과 생각에 집중하세요.

"내가 이렇게 해 줄게."라고 말하기보다는, "너는 지금 어떤 게 힘들어?"라고 물어보세요. 때로는 해결책보다 중요한 것은 그냥 그 사람의 마음이 어떨지 그 마음에 머물러 보는 것입니다.

내 마음이 앞서면 상대와의 연결이 끊어질 때가 많습니다. 하지만 내 마음을 잠시 뒤로 물리고 상대의 마음에 머무는 연습을 하면, 우리는 서로의 다리가 될 수 있습니다.

"내 마음이 앞설 때는 멈추고 질문하세요. 그 사람의 마음은 지금 어떤가?"

서로의 마음을 이해하려 노력할 때, 진정한 연결과 치유가 시작됩니다. 상대방의 마음에 진심으로 머물러 보세요. 그것이야말로 가장 큰 사랑입니다.

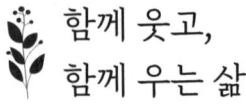
함께 웃고, 함께 우는 삶

"즐거워하는 자들과 함께 즐거워하고, 우는 자들과 함께 울라."

성경에 나오는 구절입니다. 이 짧은 구절은 우리의 관계 속에서 가장 아름다운 감정을 나누는 법을 가르쳐 줍니다. 그러나 이것이 항상 쉬운 일일까요?

삶이 버겁고 힘들었던 사람들에게는 즐거워하는 자들과 함께 즐거워하기란 결코 쉬운 일이 아닙니다. 기쁨을 나누는 일이 오히려 마음을 더 무겁게 만들고, 때로는 질투와 초라함을 느끼게 하기도 합니다.

즐거운 이야기를 하지 못하는 이유

어릴 적부터 부모의 힘든 이야기를 많이 듣고 자란 사람들은 자신의 즐거운 이야기를 마음껏 꺼내지 못합니다. 부모가 힘들어하면, 자식은 자신의 행복을 얘기하는 것이 부모를 더 힘들게 할 것 같아 입을 닫습니다. 부모의 행복의 기준선을 넘지 않으려는 마음이 무의식적으로 자리 잡습니다. 이런 사람들은 자라서도 주변의 힘든 이야기를 잘 들어 주고, 슬픔에 공감하는 데는 능숙하지만, 기쁨을 나누는 데는 서틀게 됩니다.

"내가 이렇게 힘든데, 왜 다른 사람은 그렇게 즐거운가?"

남의 기쁨이 자신을 더 초라하게 만드는 것 같아 마음 깊은 곳에서 질투가 일어나기도 합니다. 그 결과, 자신의 즐거운 이야기도 타인과 나누지 못하게 됩니다. 이런 삶은 마치 인생의 반만 사는 것과도 같습니다. 슬픔과 아픔만 경험하고, 기쁨과 행복은 억누르는 삶입니다.

기쁨과 슬픔이 공존하는 세상

하지만 이 세상은 낮과 밤, 해와 달, 따뜻함과 차가움이 공존할 때 아름답습니다. 슬픔과 기쁨이 모두 있어야 인생은 완전해집니다. 우리는 종종 우는 자들과 함께 우는 것은 쉽다고 느낍니다. 누군가의 슬픔과 고통에 공감하는 일은, 특히 힘든 삶을 살아온 사람들에게는 너무도 자연스러운 일입니다.

하지만 즐거워하는 자들과 함께 즐거워하는 일은 다릅니다. 특히 자신의 삶이 힘들고 버거울수록, 타인의 성공과 행복을 진심으로 축하하고 즐거워하는 일은 때로는 너무도 어려운 과제가 됩니다.

왜 즐거움을 나누기 어려울까?

사람이 나빠서가 아닙니다. 그것은 내가 너무 힘들게 살아왔기 때문입니다. 내가 실패를 경험했기에, 남의 성공이 내 아픔을 더 부각시키는 것처럼 느껴집니다. 내가 버거운 삶을 살아왔기에, 남의 기쁨이 내 삶의 무게를 더 실감하게 만듭니다. 예를 들어, 내 아이는 대학에 떨어졌는데 친구의 아이는 명문대에 합격했을 때, 내 자녀는 백수로 방황하는데 친구의 자녀는 대기업에 취업했을 때, 그 순간, 마음 깊은 곳에서 올라오는 초라함과 질투심은 인간이라면 누구나 느낄 수 있는 감정입니다. 그렇다고 해서 당신이 나쁜 사람인 것은 결코 아닙니다.

내 마음속 상처를 바라보는 용기

즐거움과 행복을 나누는 데 어려움을 느낀다면, 먼저 자신의 마음속 깊은 상처를 바라보는 용기가 필요합니다.
"나는 지금 왜 즐거움을 나누기 힘든가?"
"남의 기쁨을 진심으로 축하해 주지 못하는 내 안의 감정은 어디에서 오는가?"
우리의 마음속 깊은 상처와 결핍은 종종 타인의 기쁨을 나의 고통으로 착각하게 만듭니다. 하지만 그 상처를 인정하고 바라보는 순간, 우리는 비로소 자유로워질 수 있습니다.

슬픔과 기쁨을 모두 경험하는 삶

인생은 슬픔과 기쁨, 아픔과 행복이 공존하는 무대입니다. 슬픔을 나누는 것이 우리의 공감을 키운다면, 기쁨을 나누는 것은 우리의 삶을 풍요롭게 만듭니다. 우는 자들과 함께 울며 그들의 아픔에 공감하되, 즐거워하는 자들과 함께 즐거워하며 삶의 또 다른 절반을 경험해야 합니다.

행복을 나누는 연습

기쁨을 나누는 것도 연습이 필요합니다.
먼저, 타인의 행복을 있는 그대로 받아들이는 연습을 하세요. 그들의 성공과 기쁨이 당신의 실패를 의미하는 것이 아니라는 사실을 깨닫는 것이 중요합니다. 그리고 자신의 기쁨을 표현하는 연습을 하세요. 내 삶의 작은 즐거움을 주변 사람들과 나누는 일은 당신뿐 아니라, 타인의 삶에도 따뜻함을 더할 것입니다.

함께 웃고, 함께 우는 삶

슬픔에 공감할 수 있는 사람은 아름답습니다. 하지만 기쁨에 공감할 수 있는 사람은 세상을 더 풍요롭게 만듭니다.

"즐거워하는 자들과 함께 즐거워하고, 우는 자들과 함께 울라." 이 말씀은 단순히 우리의 공감을 요구하는 것이 아닙니다. 그 말씀 속에는, 인생을 온전히 살아가는 방법에 대한 깊은 통찰이 담겨 있습니다. 슬픔과 기쁨, 실패와 성공이 공존하는 이 세상에서 우리는 함께 울고, 함께 웃는 사람이 되어야 합니다. 그것이 바로 사랑과 공감으로 살아가는 길이며, 우리가 서로를 통해 배우고 성장하는 길입니다.

"내가 우는 이들과 함께 울며 세상의 아픔을 이해하고, 즐거워하는 이들과 함께 웃으며 삶의 풍요로움을 배울 때, 비로소 내 인생은 더 깊어지고 아름다워집니다."

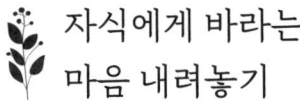
자식에게 바라는 마음 내려놓기

자식을 희생하며 키웠는데, 자식이 나 몰라라 하니 서운해요

"나는 못 먹고 못 입고 자식들을 위해 희생했는데, 저한테 해 준 게 뭐가 있냐고 하네요. 자기 자식들은 끔찍이 여기면서 저한테는 잘 오지도 않아요."

자식들이 독립한 후 부모를 잘 찾아오지 않고, 부모의 기대만큼 보살피지 않을 때, 많은 나이 든 부모들이 서운함과 고독을 느낍니다. 이런 감정은 어쩌면 너무나 자연스러운 일이지만, 우리가 그 이면의 진리를 이해한다면 조금은 가벼워질 수 있습니다.

물은 높은 곳에서 낮은 곳으로 흐른다

물이 높은 곳에서 낮은 곳으로 흐르는 것은 자연의 이치입니다. 부모가 자식을 키우는 일도 마찬가지입니다. 부모는 자식에게 사랑과 헌신을 쏟아붓고, 그 사랑은 아래로 흘러가며 자기 자식을 키우고 성장시킵니다.

물이 위에서 아래로 흐를 때는 특별히 힘을 쓰지 않아도 됩니다. 그저 물길을 터 주고, 자연스럽게 흘러가도록 하면 됩니다. 그러나 아래에 있는 물을 위로 끌어올리려면 큰 힘과 비용이 들고, 복잡한 기계와 기술이 필요합니다.

부모의 사랑이 자식에게 흘러가는 것은 자연스러운 일입니다. 그러나 자식이 부모에게 동일한 방식으로 사랑을 돌려주는 것은 자연의 법칙에 위배됩니다. 이것은 사랑이 부족해서가 아니라, 삶의 흐름이 그렇기 때문입니다. 자연의 이치가 그러합니다.

자식을 키우는 것은 부모의 역할

부모가 자식을 키우는 것은 '내가 선택한 일'입니다. 부모가 자식을 위해 헌신하고 희생하는 것은 자연의 순리이자 인간의 본능입니다. 새가 둥지를 틀고, 새끼에게 먹이를 물어다 주고, 날 수 있을 때까지 돌보는 것처럼요.

새끼가 성장하여 둥지를 떠나 하늘을 날아가는 것은 어미 새의 본분을 다한 결과입니다. 새끼 새는 어미 새에게 "고맙다."며 다시 둥지로 돌아오지 않습니다. 어미 새 역시 외롭다고 새끼 새를 붙잡지 않습니다. 이것이 자연의 방식입니다.

인간은 왜 다를까?

인간은 만물의 영장이라고 불립니다. 하지만 때로는 자연의 이치보다 더 복잡한 감정과 관계로 스스로를 괴롭게 만듭니다. 부모는 자식이 독립하여 잘 살아가는 모습을 보면서도 서운함을 느낍니다. 자식들이 독립하여 자신만의 가정을 꾸리고, 삶을 꾸려 나가는 것은 부모가 자식을 성공적으로 키웠다는 증거입니다. 그럼에도 불구하고, 부모는 자식의 부재로 인한 외로움과 서운함을 느끼게 됩니다.

자식에게 바라는 마음 내려놓기

부모가 자식에게 사랑과 헌신을 쏟는 것은 자연스러운 일입니다. 그러나 자식이 그 사랑을 똑같이 돌려주기를 기대하는 것은 자연의 이치에 어긋납니다. 부모의 역할은 끝났습니다. 부모는 자식을 키워 자립할 수 있도록 돕는 역할을 했습니다. 자식이 독립하여 자기 삶을 꾸려 간다면, 부모는 이미 자신의 역할을 훌륭히 해낸 것입니다. 자식은 나의 재산이 아닙니다. 자식은 부모의 소유물이 아닙니다. 자식은 자신의 삶을 살아갈 권리가 있으며, 부모를 위해 살아가는 존재가 아닙니다. 서운함은 부모의 몫으로 남습니다. 자식에게 받은 사랑은 기억에 오래 남지만, 부모에게 준 사랑은 당연한 것으로 여겨지기도 합니다. 그러나 그것이 잘못된 것은 아닙니다. 부모가 주는 사랑은 '돌려받기 위해' 주는 것이 아니기 때문입니다.

자식을 바라보는 새로운 시선

부모의 헌신은 자식을 키우는 과정에서 이미 완성되었습니다. 이제는 자식의 성공적인 독립을 축복하고, 자신의 삶을 돌아보며 새로운 가치를 찾아야 할 때입니다.

자신의 삶을 돌보세요. 부모로서의 역할이 끝난 지금, 당신의 삶을 위한 시간을 보내세요. 새로운 취미를 찾고, 친구들과의 관계를 회복하며, 내 삶의 주인이 되는 연습을 시작하세요. 자식의 행복을 응원하세요. 자식이 자신의 삶에서 행복을 찾아가도록 조용히 응원해 주세요. 자식의 삶에 간섭하기보다, 그들의 결정을 존중하고 지지하는 부모가 되어 주세요.

자식에게 감사하세요. 자식은 이미 부모에게 큰 기쁨과 행복을 주었습니다. 그들이 부모의 곁을 떠났다는 것은 그만큼 부모가 잘 키웠다는 증거입니다. 이 사실에 감사하고 자랑스러워하세요.

사랑은 흘러가는 것

부모가 자식에게 사랑을 주는 것은 물이 높은 곳에서 낮은 곳으로 흐르듯 자연스러운 일입니다. 그 사랑이 자식의 삶으로 흘러가 그들의 가정을 이루고, 새로운 세대를 키우는 밑거름이 됩니다. 부모가 주었던 사랑은 언젠가 자식의 마음속에서 다른 형태로 다시 피어날 것입니다. 그날이 올 때까지, 부모로서의 헌신과 사랑을 자랑스럽게 간직하세요.

 부모의
잔소리

"부모님이 잔소리를 너무 많이 하세요. 뭐든 참견하고, 뭐든 지적하세요. 저도 잘하고 싶은데 자꾸 이렇게 간섭을 하면 정말 하기 싫어져요."

부모와 자식 간의 관계에서 잔소리는 흔히 발생하는 갈등 요소입니다. 부모는 사랑과 걱정에서 비롯된 행동이라고 하지만, 자식 입장에서는 간섭과 통제처럼 느껴지며 반감을 삽니다. 잔소리의 근본적인 이유와 해결책을 이해하면, 이 갈등은 단순히 참거나 피하는 것이 아니라 더 건강하고 성숙한 관계로 변화시킬 수 있습니다.

불안과 통제 욕구

잔소리는 사랑에서 시작되지만, 그 이면에는 더 깊은 심리적 요인이 숨어 있습니다.

불안한 상황이 일어나면 통제하게 됩니다. 코로나 시기에 거리두기 등 사회적 통제가 있었습니다. 개인의 삶에서도 마찬가지입니다. 내면에 불안함이 올라오면 잔소리와 간섭을 하게 됩니다. 잔소리를 한다는 것은 '이 상황을 통제하고 싶다, 불안하니 통제해야 한다.'는 생각에서 비롯됩니다.

자식이 잘못된 길로 갈까 두렵고 불안할 때 혹은 자식이 자신을 무시한다고 느낄 때 부모는 잔소리를 통해 자식을 통제하려 합니다. 이 불안의 뿌리는 세상이 불안정하고 믿을 수 없다는 생각입니다. "내가 통제하지 않으면, 자식이 위험에 처할 것이다." 이 두려움이 잔소리를 부추깁니다.

부모 자신도 통제를 많이 받고 자랐기에 자율적으로 놔두어서 성공한 경험이 없을 수 있습니다. 아니면 너무 방임한 부모에게서 자라서 통제가 사랑이라고 생각할 수도 있습니다. 잔소리를 많이 하는 부모는 대부분 어릴 적 자신도 잔소리를 많이 들으며 자율성을 침해당했거나, 과도한 통제와 비난 속에서 자란 경우입니다. 그래서 이런 양육 방식을 무의식적으로 반복합니다. 잔소리를 너무 많이 들어 잔소리가 싫었던 부모가 잔소리를 하지 않으려고 애쓰다가도 자신도 모르게 같은 패턴을 자식에게 전가하게 됩니다.

잔소리는 대화 기술 부족

잔소리는 본질적으로 대화 기술의 부재를 의미합니다. 대화는 상대의 마음을 읽고 그 마음에 공감하며 서로 소통하는 과정입니다. 그러나 부모가 자신의 생각과 감정을 전달하는 데 집중하면, 일방적 지시와 비난이 대화의 자리를 대신하게 됩니다. 본인은 그것이 대화라고 생각하니 스스로는 잔소리를 하고 있다는 것을 모를 수도 있습니다. 그래서 잔소리를 그만하라고 하면 할 말이 없다고 합니다. 잔소리에 익숙한 사람은 대화가 안 되고 일방적 소통이 됩니다. 잔소리는 대화를 어떻게 하는 건지 모르는 대화의 기술 부족입니다.

잔소리가 자식에게 미치는 영향

부모의 잔소리는 자식의 성장과 자아 형성에 부정적인 영향을 미칠 수 있습니다. 잔소리를 많이 들은 자식은 자신에 대한 확신이 부족해지고, 스스로 결정을 내리는 능력이 약화됩니다. "부모가 나를 믿지 못하니, 나도 나를 믿지 못해요."

잔소리는 자식이 잘되기를 바라는 마음에서 하지만 무의식은 자식에게 '넌 항상 부족하다.'는 메시지를 전달합니다. 이로 인해 자식은 끊임없이 불안을 느끼며 세상에 자신감을 가지고 나아가지 못합니다. 잔소리는 자식과 부모 사이에 정서적 거리를 만듭니다. "부모님은 내 마음을 몰라요." 이런 생각은 부모와 자식의 관계를 점점 멀어지게 만듭니다. 잔소리를 한다는 것은 부모가 자식이 마음에 들지 않는다는 것이고 자신을 마음에 들어 하지 않는 부모를 자식이 좋아하기 어렵습니다. 그러니 자신을 좋아하지 않는 부모의 말을 무의식적으로는 들어주고 싶지 않습니다. 그러니 결국 잔소리는 관계에 악순환을 반복합니다.

부모의 잔소리를 멈추는 방법

부모가 잔소리를 멈추려면, 자신의 불안을 직면하고, 더 나은 대화 방식을 배우는 노력이 필요합니다. 부모는 잔소리가 자신의 불안에서 비롯된다는 사실을 인정해야 합니다. 또한 부모의 화풀이일 뿐입니다. 너무 화가 나서 잔소리를 퍼붓게 됩니다. 하고 싶은 잔소리를 하지 않으면 화가 치밀어 오른다면 나의 화풀이를 자식에게 하는 것입니다. 내 속에 쌓여 있는 화를 풀어내야 합니다. 내 속에 있는 화는 감정 쓰레기입니다. 감정 쓰레기를 자녀에게 투척하면 자녀들의 삶은 곪게 되어 있습니다. 그래서 내 감정의 쓰레기는 내가 처리해야 합니다.

"나는 뭐가 이렇게 불안할까?"
"내 속에 왜 이렇게 화가 많을까?"
"자식을 믿지 못하는 이유는 무엇일까?"
자신의 감정과 생각을 돌아보는 것이 첫걸음입니다.
잔소리 대신, 대화하는 법을 배워야 합니다.
"너 왜 이러니?" 대신, "요즘 너는 어떤 생각을 하고 있니?"
"빨리 숙제해!" 대신, "숙제가 많아서 힘들겠구나. 내가 도와줄 게 있을까?" 이런 접근은 자식과 부모 사이의 신뢰를 쌓아 줍니다. 부모의 역할은 자식을 통제하는 것이 아니라, 자식이 스스로 성장할 수 있는 환경을 만들어 주는 것입니다.

- 잔소리 대신, 지켜보며 믿어 주는 연습을 하세요.
- 자식이 실수하더라도 그 경험을 통해 배우게 하세요.

자식의 입장에서 부모 이해하기

부모의 잔소리가 듣기 싫고 힘들지만, 그 이면의 마음을 이해하려 노력해 보세요. 부모는 자식이 잘되기를 바라는 마음에서 잔소리를 합니다. 그 마음이 표현 방식의 문제일 뿐, 그 뿌리는 사랑에서 비롯된 것입니다. 부모의 잔소리에 불편함을 느낀다면, 솔직히 대화해 보세요.

"엄마가 걱정하는 마음은 알아요. 그런데 잔소리는 저를 더 힘들게 해요."

"제가 이렇게 해 보려고 하니, 믿고 지켜봐 주세요."

부모의 잔소리로 상처받고 힘들다면, 스스로를 다독이고 위로하세요.

"부모님의 말이 나를 정의하지 않아. 나는 내가 믿는 대로 살아갈 수 있어."

잔소리는 부모와 자식 사이의 갈등의 시작일 뿐입니다. 그러나 이 갈등을 대화와 공감으로 풀어 나간다면, 그 관계는 더욱 깊고 성숙하게 변할 수 있습니다.

부모는 자식을 믿고, 자식은 부모의 마음을 이해하려 애쓰는 과정에서, 우리는 서로의 마음을 더 잘 알게 될 것입니다.

"잔소리 대신 대화를, 지시 대신 공감을."

이 작은 변화가 부모와 자식의 관계를 더 따뜻하고 아름답게 만들어 줄 것입니다.

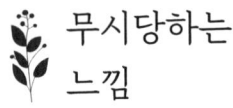
무시당하는 느낌

"회사에서 상사가 '네가 커피 좀 사지.'라고 하면, 왠지 저를 무시하는 것 같아 화가 나요. 옆 동료가 도와주겠다고 하면, 그 말조차 나를 우습게 보나 이런 마음 때문에 자꾸 분노가 생겨요."

우리가 누군가의 말에 화를 내거나 상처받는 이유는 단순히 말 그 자체 때문이 아닙니다. 그 말이 내 안의 과거 상처를 건드릴 때, 그 상처는 더 깊고 날카롭게 느껴집니다. 다른 사람의 말을 들을 때, 그 말이 단순히 '요청'이나 '도움의 제안'으로 받아들여지지 않고, '나를 무시하는 말'로 느껴진다면, 그 이면에는 내면 깊숙이 자리 잡은 존중받지 못한 경험이 있을 가능성이 높습니다.

왜 타인의 말이 무시로 들릴까?

어린 시절 부모가 자녀의 뜻을 존중하지 않고, 부모의 기준과 요구만을 강요했다면, 자녀는 '자신이 인격적으로 대접받지 못하고 존중받지 못한다.'는 느낌을 무의식에 깊이 새기게 됩니다. 부모가 자녀의 의견을 묻기보다 "그냥 내가 하라는 대로 해." 자녀의 감정을 배려하기보다 "이건 너를 위해서야. 그러니 참고해야 돼."

이런 경험이 반복되면, 자녀는 자신을 존중받을 가치가 없는 존재로 느끼고, 이후 타인의 말이나 행동에도 무시당하는 듯한 반응을 보이게 됩니다. 자녀로서 자신의 의사를 표현하거나 자신의 선택을 존중받은 경험이 부족했다면, 타인의 작은 요청조차 '나를 통제하려 한다.', '나를 존중하지 않는다.'로 받아들이게 됩니다.

자기 존중 부족

"내가 나를 존중하지 않으면, 아무도 나를 존중하지 않습니다."

자기 스스로 자신을 존중하지 않으면, 타인의 말이나 행동에 더욱 민감하게 반응하며, '나를 비난하거나 깎아내리려 한다.'는 느낌을 받게 됩니다.

"네가 커피 좀 사지." 이 말은 단순한 요청일 수 있습니다. 그러니 내가 사고 싶지 않으면, "아니요, 다음번에 제가 살게요." 거절하면 그만입니다. 기분에 따라, "그래요, 제가 한 번 살게요." 긍정적으로 받아들일 수도 있습니다.

하지만, 만약 이 말이 '왜 나한테만 이런 부탁을 하지?', '이건 날 무시하는 거야.'로 느껴진다면, 그 안에는 내가 나를 무시하는 마음이 있기 때문입니다. 타인의 말에 내가 화가 나는 것은 내가 동조하고 있기 때문입니다. 물론 정말 내가 가만히 있는데 나를 함부로 한다면 그것은 합당하게 대응할 필요가 있습니다.

'무시'는 실제가 아닌 내 해석일 수 있다

다른 사람의 말에 '무시'라는 의미를 부여하는 순간, 그 말은 내게 상처로 다가오고 분노하게 됩니다. 그러나 그 말이 정말로 나를 무시하려는 의도였는지, 한번 돌아볼 필요가 있습니다.

"정말 이 사람이 나를 무시하려는 의도로 이 말을 했을까?"
"혹시 내가 너무 민감하게 받아들이는 것은 아닐까?"
"왜 나는 이 말에 이렇게 화가 나는 걸까?"
"이 말이 내 어떤 상처를 건드렸을까?"

과거에 존중받지 못했던 경험이 현재의 감정에 영향을 미치고 있는 것은 아닌지, 내 마음을 찬찬히 들여다보세요.

무시당하는 느낌을 극복하는 방법

'나는 누구인가?, 나는 어떤 존재인가?'에 대한 물음이 있어야 합니다. 나는 '정말 우스운 존재인가?' 내가 그동안 해 온 일들을 되짚어 보십시오. 오늘 이 글을 읽고 있는 분이라면 이미 많은 어려움과 역경을 이기고 이 자리에 있을 것입니다. 그렇게 당신은 괜찮은 사람입니다.

내가 괜찮은 사람인데 타인의 평가가 왜 그리 화가 나는지요? 그건 그 사람의 생각일 뿐입니다. 그 사람이 자신 안에 있는 자신의 모습으로 타인을 평가하고 있을 뿐입니다.

"내가 스스로를 무시하지 않으면, 아무도 나를 무시할 수 없습니다."

모든 요청에 "네"라고 대답할 필요는 없습니다. 요청을 수용할지, 거절할지는 오롯이 나의 선택입니다. '저 사람이 저걸 해 주었으면 좋겠고, 내 말을 들어 주었으면 좋겠어.' 하고 타인은 그냥 기대와 바람을 가질 수 있습니다. 그건 그 사람의 기대이고 바람일 뿐입니다. 그 사람이 그런 기대를 갖는 것을 뭐라 할 수 없습니다. 그러나 누구도 타인의 기대에 맞추어 살 필요는 없습니다.

"이건 내가 하고 싶지 않아." 당당히 표현할 수 있으면 됩니다. 그것이 상대의 기대나 제안이라면 내가 그 기대에 맞추어 줄 것인가 아닌가를 내가 결정하는 것입니다. 내 삶의 주인은 나입니다. 타인의 말에 좌지우지되는 것은 내 삶의 운전대를 타인에게 맡기는 것입니다.

"나를 존중하는 마음이 곧, 세상이 나를 존중하게 만드는 첫걸음입니다."

관계를 좀 더
쉽게 생각하는 법

"새로운 사람을 만나는 일이 너무 어렵고 부담스러워요. 혹시 그들이 나를 싫어하지 않을까 걱정돼요. 그래서 말을 꺼내는 것도 조심스럽고, 잘못 말하면 어쩌나 고민하게 돼요."

사람을 처음 만나는 것은 누구에게나 어렵고 긴장되는 일입니다. 그런데 우리는 종종, 나만 유독 더 어렵다고 느끼게 됩니다. 다른 사람들은 자연스럽게 대화하고 관계를 맺는 것처럼 보이기 때문입니다. 그러나 겉으로 자연스러워 보이는 사람들도 속으로는 불안과 긴장을 느끼는 경우가 많습니다. 익숙해 보이는 미소와 말투 뒤에도 사실은 떨리는 마음이 숨어 있을 수 있습니다.

왜 관계가 이토록 어려울까?

타인의 평가에 대한 두려움이 크기 때문입니다.

"내가 말을 잘못하면 상대가 나를 싫어할지도 몰라."

많은 사람들은 처음 만나는 자리에서 자신을 완벽하게 보여야 한다고 생각합니다. 하지만 관계는 한 번의 만남으로 완성되지 않습니다. 자연스러운 실수와 부족함 속에서도 진심이 전해질 때, 관계는 더 깊어질 수 있습니다.

사람들은 이렇게 말합니다.

"생각하고 말해라, 똑바로 말해라."

이로 인해 말을 하기 전, 모든 단어와 문장을 검열하고 분석하는 습관이 생깁니다. 결과적으로, 대화는 부담스러운 일이 되고, 말 한마디를 꺼내는 것이 어려운 일이 됩니다. 이런 두려움은 자연스러운 표현을 막아 버립니다. 말을 잘 못 한다고 해서 상대가 반드시 나를 싫어하는 것은 아닌데도 말입니다. 그저 내 안의 두려움이 그렇게 느끼게 할 뿐입니다.

관계를 더 쉽게 생각하는 법

인간관계를 음식 먹는 것처럼 생각해 보세요. 내가 음식을 선택하고 먹었는데 내 입맛에 맞지 않으면, 다시 먹지 않으면 됩니다. 맛있으면 다음에 또 먹으면 됩니다.

사람도 마찬가지입니다. 내가 만나고 싶어서 만났는데, 상대가 나를 싫어한다면 굳이 억지로 만날 필요는 없습니다. 내가 좋은 사람이고, 나를 괜찮게 봐주는 사람과 관계를 맺으면 됩니다.

우리는 종종 타인의 평가를 통해 자신의 가치를 판단하려는 경향이 있습니다. 하지만 아무리 내가 좋은 사람이어도 모두가 나를 좋아할 수는 없습니다. 아무리 맛있는 과일도 호불호가 있고 그 과일에 알레르기가 있는 사람도 있습니다. 아무리 내가 괜찮은 사람이어도 이미 나를 좋아할 사람이 있고 안 좋아할 사람이 있습니다.

"누군가 나를 싫어하는 사람이 있다고 해서 내 가치가 흔들리는 것은 아닙니다."

나는 나 자신으로 충분히 괜찮은 사람입니다. 그 괜찮은 나를 인정해 주는 사람들과 함께하면 됩니다. 그러기에 너무 말을 잘하려고 애쓰지 마세요. 내가 느끼고 생각하는 대로 말하고, 피드백을 통해 배워가면 됩니다. 처음 만나는 자리나 어색한 자리에서 '무엇을 말할까? 어떤 얘기를 하지?' 뭔가 말해야 한다는 부담감이 관계를 어렵게 할 수 있습니다. 대화를 잘하려는 부담감에서 벗어나, 상대방의 말을 들어보세요. 그럼 부담이 훨씬 줄어들 것입니다

관계는 내가 만들어 가는 것

인간관계는 타인의 의지에 나를 맡기는 것이 아니라, 내가 만들어 가는 것입니다.

- 내가 만나고 싶으면 만나고, 만나고 싶지 않으면 만나지 않으면 됩니다.
- 관계를 주도적으로 선택하며, 내 마음이 편안한 방향으로 나아

가세요.

　내가 괜찮은 사람이라는 사실을 잊지 말고, 내가 원하는 관계를 선택하며 살아가세요. 그것이 나를 위한 삶의 첫걸음입니다. 모든 사람이 나를 좋아할 필요는 없습니다. 내가 모든 음식을 좋아하지 않는 것처럼, 누군가는 나를 좋아하지 않을 수도 있습니다. 그것을 자연스럽게 받아들이고, 나를 인정해 주는 사람과의 관계에 집중하세요.
　세상에 단 한 명뿐인 나 자신을 믿고, 오늘도 관계 속으로 한 발 내딛어 보세요. 나 자신을 존중하는 순간, 타인과의 관계도 자연스럽게 시작될 것입니다.

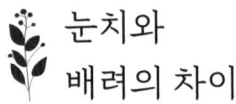# 눈치와 배려의 차이

"저는 눈치를 너무 많이 봅니다. 그래서 내 생각을 표현하기가 힘들어요. 타인이 나를 어떻게 생각할까 두렵고, 그 두려움 때문에 항상 조심스러워요."

눈치를 많이 보며 살아간다는 것은, 내 삶을 나로서 온전히 살지 못하고 다른 사람들의 평가와 시선에 얽매여 있다는 뜻입니다. 이런 상태는 삶을 무기력하게 만들고, 내가 원하는 방향으로 나아가는 것을 어렵게 만듭니다.

눈치를 보게 되는 이유

눈치를 본다는 것은 타인의 거부에 대한 두려움이 있습니다.
"타인이 나를 싫어하면 어쩌지?" 이런 불안은 관계가 깨질 것 같은 공포로 이어집니다. 관계가 단절되면, 나를 지탱해 줄 아무도 없을 것 같다는 유기불안이 그 중심에 있습니다. 눈치를 본다는 것은 타인의 시선을 통해 내 존재를 확인하려는 마음이 깔려 있습니다.
부모가 엄격하고 통제적이거나, 자녀의 인격과 자율성을 무시하며 부모 뜻대로 키우려 했다면, 아이는 살아남기 위해 눈치를 보며 자랄 수밖에 없습니다. 이런 패턴은 어른이 된 후에도 그대로 이어져 관계 속에서 자연스럽게 내 생각과 감정을 표현하지 못하게 만듭니다. 눈치를 보며 자기표현을 하지 않으면, 감정은 억눌리고 쌓이게 됩니다. 결국 참지 못하고 폭발하게 되는데, 이때 다른 사람들은 갑작스러운 분노에 당황하며 관계가 멀어지게 됩니다. 그 결과, 관계가 더 서먹해지고 눈치를 보는 패턴이 더 심화되는 악순환이 반복됩니다.

눈치와 배려의 차이

눈치를 보는 것과 배려는 비슷해 보이지만, 그 뿌리와 결과는 완전히 다릅니다. 눈치는 타인의 평가에 연연하며 관계가 깨질까 봐 두려워서 마지못해 어떤 행동을 하는 상태입니다. 상대를 위해서가 아니라 내가 불편한 상황을 피하기 위해 억지로 자신을 맞추는 것입니다. 눈치는 내 삶을 타인의 의지에 맡기고, 나를 점점 더 힘들게 만듭니다.

배려는 상대방을 존중하고, 관계를 위해 내가 기꺼이 선택해서 행동하는 것입니다. 배려는 자발적이고 즐거운 것이며, 관계를 더 풍요롭게 만듭니다. 내가 관계를 주도하며 상대에게 마음을 나누는 아름다운 행위입니다. 눈치는 두려움에서 비롯되고, 배려는 사랑과 존중에서 비롯됩니다.

눈치에서 벗어나기 위한 방법

눈치 보는 삶에서 벗어나기 위해서는 타인의 시선을 의식하기보다 스스로를 이해하고 표현하는 연습이 필요합니다.

"왜 나는 이 상황에서 눈치를 볼까?"

"내가 표현하지 못하고 참는 이유는 무엇일까?"

스스로에게 질문하며, 눈치의 근본 원인을 찾아보세요.

어릴 적에는 부모와의 관계 단절이 생존에 위협이 될 수 있었지만, 성인이 된 지금, 우리는 다른 관계를 새롭게 맺을 수 있습니다. 지금은 관계가 단절된다고 해서 세상이 끝나는 것은 아닙니다. 나를 있는 그대로 받아들이는 사람들과 건강한 관계를 만들어 가세요. 아무리 좋은 사람도 모든 사람에게 사랑받을 수는 없습니다. 내가 나를 인정하고, 나를 괜찮은 사람이라고 받아들일 때 타인의 평가에 흔들리지 않게 됩니다.

내 삶의 주도권은 나에게 있다

내가 기꺼이 선택하는 행동인지, 아니면 두려움에 의해 억지로 하는 행동인지 스스로 점검해 보세요. 배려는 관계를 풍요롭게 하지만, 눈치는 나를 힘들게 한다는 사실을 기억하세요.

세상에는 당신을 있는 그대로 받아들이고 사랑할 사람들이 있습니다. 눈치를 보며 억지로 관계를 유지하기보다, 나를 인정하고 내 감정을 표현하며 진정한 관계를 만들어 가세요.

"내 삶의 주도권은 나에게 있습니다. 타인의 시선과 평가가 아니라, 내가 선택한 길을 걸어가세요. 당신은 이미 충분히 괜찮은 사람입니다."

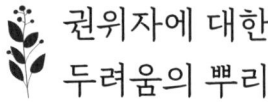
권위자에 대한 두려움의 뿌리

"상사나 윗사람 앞에 서면 괜히 위축되고 두려운 마음이 들어요. 그분이 무뚝뚝하거나 친절하지 않으면 더 긴장되고 저 자신이 작아지는 것 같아요."

권위자 앞에서 위축되는 경험은 많은 사람들이 겪습니다. 하지만 그 두려움의 근원을 돌아보면, 그것은 단순히 현재의 권위자 때문이 아니라 어린 시절의 기억과 경험이 반영된 결과일 수 있습니다.

어린 시절의 내가 만났던 대상

어린 시절, 부모나 선생님 같은 어른들로부터 혼난 경험이 많았던 사람들은 권위자 앞에 설 때 무의식적으로 그때의 두려움을 떠올리게 됩니다. 권위자의 말투나 행동이 차갑거나 무뚝뚝하다면 그 경험이 더욱 강렬하게 재현될 수 있습니다. 어릴 때 혼날까 봐 조심조심했던 사람들은 윗사람이 자신을 친절하게 대하지 않으면 '내가 뭔가 잘못한 게 있나?' 하고 스스로를 의심하게 됩니다. 이러한 생각은 권위자와의 관계에서 자신을 더욱 위축되게 만듭니다. 성인이 되어서도 권위자 앞에서 두렵고 쪼그라드는 느낌이 든다면, 그것은 내 안에 남아 있는 어린아이의 마음 때문입니다.

지금의 내가 아닌, 어릴 때 권위자에게 혼나던 아이가 여전히 그 상황을 대신 느끼고 있는 것입니다.

권위자는 부모가 아니다

현재 내 앞에 있는 권위자는 내가 어렸을 때 겪었던 부모나 무서운 어른과 다릅니다. 그들의 차가운 태도는 내게 감정적으로 악의가 있어서가 아니라, 단순히 그들의 성격이나 태도일 수 있습니다.

"그가 무뚝뚝하다고 해서 나를 미워하거나 혼내려는 것은 아니다."

우리는 종종 "사람은 친절해야 좋은 사람"이라는 기준을 세워두고 살아갑니다. 하지만 모든 사람이 다정하고 따뜻할 수는 없습니다. 친절하지 않은 태도가 꼭 나를 싫어하거나 공격하려는 의도라고 볼 수는 없습니다.

지금의 나는 과거의 어린아이가 아닙니다. 또한 현재의 권위자와 과거의 두려운 어른은 다릅니다. 내가 느끼는 감정은 어릴 적 느꼈던 감정을 재현하는 것입니다. 지금 나는 더 이상 혼날까 두려워하는 아이가 아닙니다. 권위자의 권위는 인정하되 할 말은 하고 함께 협력하여 일을 하는 관계이지 혼내고 혼나는 관계가 아닙니다. 현재의 나는 권위자와 관계를 풀어나갈 다양한 방법과 힘을 가지고 있는 성인입니다.

권위자와 잘 지내는 방법

 권위자의 말이 부담스러울 때는 그 말을 내 감정 깊숙이 받아들이기보다, 한 귀로 듣고 한 귀로 흘리는 연습을 해 보세요. 내가 잘하는 일을 열심히 하고 있다면, 권위자의 차가운 태도가 내 잘못 때문이 아니라는 것을 기억하세요. 내가 부족해서 위축된다고 생각하기보다, 강점을 떠올리며 자신감을 유지하세요. 권위자도 결국 한 명의 인간일 뿐입니다. 그들도 실수하고, 불완전하며, 나와 같은 고민을 가진 존재일 수 있습니다. 그들의 태도에 덜 민감해지기 위해 그들도 나처럼 살아가고 있다는 사실을 생각해 보세요. 권위자가 정말 부당한 태도를 보인다면, 두려움에 갇히지 말고 차분히 대화를 시도해 보세요. "이 부분에 대해 더 명확히 알려 주실 수 있을까요?" 같은 열린 질문으로 소통을 시도하는 것이 좋습니다.
 "권위자 앞에서는 무섭고 위축되지만, 사실 그들도 나와 다르지 않은 사람일 뿐입니다."

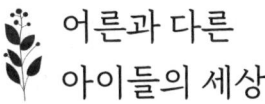
어른과 다른
아이들의 세상

아이들의 세상은 어른들의 세상과 근본적으로 다릅니다. 어른은 물질만으로도 어느 정도 살아갈 수 있지만, 아이들은 물질이 풍족해도 정서적인 결핍이 있다면 제대로 살아가기 어렵습니다. 아이들은 부모의 정서를 먹고 자랍니다. 부모의 따뜻한 시선과 스킨십을 통해 아이들은 '내가 사랑받는구나, 나는 소중한 존재구나.'라는 감정을 느끼며 자신감을 키웁니다. 부모와의 의존과 공생 속에서 아이들은 정서적으로 배를 채우고, 이러한 양분으로 성장해 나갑니다.

사람은 보통 4세 이전의 기억을 명확히 떠올리지 못하지만 그 시기에 받았던 스킨십, 의존의 경험, 그리고 느꼈던 따뜻함, 무서움, 혹은 버려진 느낌 같은 감정들은 몸에 깊이 저장됩니다. 이러한 경험들은 아이들의 정서와 인지를 형성하고, 나아가 성격과 행동의 기반이 됩니다. 아이들에게 부모는 곧 세상 그 자체입니다. 부모의 사랑을 느끼는 아이들은 세상으로부터 사랑받고 있다고 믿습니다. 반대로 부모의 부정적인 감정이나 무관심을 느끼면 세상이 자신을 버렸다고 여깁니다. 아이들의 뇌는 마치 찰흙과 같아서, 누르면 눌리는 대로 모양이 만들어지고, 시간이 지나 찰흙이 굳으면 그 모양을 바꾸기가 어렵습니다. 바꾸려고 할 때 때로는 찰흙 자체가 부서질 수도 있습니다.

어렸을 때 커 보였던 어른도 자신이 자라면 더 이상 그렇게 커 보이지 않는 것처럼, 어른들이 볼 때는 대수롭지 않은 행동이나 말들이 아이들에게는 큰 충격으로 다가올 수 있습니다. 어른들 사이에서 일어난 사소한 다툼이나 야단치는 행동이 아이들에게는 세상이 무너질 것 같은 공포로 느껴질 수도 있다. 부모가 싸울 때 아이들의 세상에서는 전쟁이 일어난 것과 같은 무게의 공포를 느낍니다.

"너 자꾸 그러면 정말 나는 너를 포기할 거야.", "호랑이가 잡아간다."라는 말들은 어른들에게는 별 의미 없는 꾸중일지 모르지만, 아이들에게는 세상이 자신을 거부하고 버릴 수도 있다는 극심한 공포로 다가옵니다. 아이들은 이런 말을 들으며 "정말로 버려질지도 몰라. 그럼 나는 어떻게 해야 하지?"라며 생존에 대한 두려움을 느끼고, 그 공포감은 무의식 속 깊이 자리 잡습니다.

무의식 속에 숨겨진 두려움은 성인이 된 이후에도 사라지지 않습니다. 어느 날 갑작스러운 스트레스 상황이 찾아오면, 어린 시절의 공포가 떠오르며 공황 상태나 극심한 불안감을 유발하기도 합니다. 아이들의 세상이 어른이 세상과 다름을 알지 못하는 부모들은 "내가 분명히 잘 키웠는데, 왜 우리 아이가 이런 문제를 겪는 걸까?"라며 의아해합니다. 하지만 이는 어린 시절에 형성된 무의식적 두려움과 정서적 결핍에서 비롯된 것입니다.

아이들은 작은 행동과 말에서도 큰 영향을 받습니다. 부모가 아이와 함께 시간을 보내고, 따뜻한 말과 스킨십으로 사랑을 표현할 때 아이들은 자신이 사랑받는 소중한 존재라고 느끼며 자랍니다. 반대로 부모의 무관심이나 부정적인 태도는 아이들에게 깊은 상처를 남기고, 이는 평생에 걸쳐 영향을 미칠 수 있습니다.

아이들의 세상은 어른들의 세상보다 훨씬 섬세하고 연약합니다. 어른들은 아이들에게 세상이자 전부라는 사실을 기억하며, 그들의 작은 마음속에 어떤 흔적을 남기고 있는지 늘 생각해야 합니다. 아이들의 찰흙 같은 뇌가 긍정적이고 건강한 형태로 굳어지도록, 부모는 사랑과 정서적 지지를 아끼지 말아야 합니다. 이는 단순히 아이의 현재뿐만 아니라, 그들의 미래까지도 건강하고 행복하게 만드는 가장 중요한 열쇠입니다.

상대에게 매달리거나 버리는 관계

"남자친구가 다른 여자가 생겼다고 헤어지자고 해요. 그의 마음을 되돌리고 싶어요."

함부로 하고 헤어지자는 남자친구의 마음을 돌리고 싶은 마음은 어디에서 오는 걸까요? "왜 그는 다른 여자를 만나고 헤어지자고 하는데 나는 왜 그를 이렇게 붙잡고 싶을까?"라는 질문은 단순히 상대를 되찾고 싶다는 갈망을 넘어, 나 자신에 대한 깊은 갈증과 연결되어 있을지도 모릅니다.

누군가에게 매달리고 싶다는 마음은, 대상에 대한 배고픔이 있고 이 세상에 유일한 대상이 남자친구밖에 없다는 무의식적 느낌이 있을 수 있습니다. 의식하지 못하지만 무의식에는 그 사람이 세상에서 유일한 대상이라고 느끼기 때문입니다. 나를 사랑해 주고 나에게 마음을 주는 사람하고 사랑해야 하는데 나한테서 마음이 떠나고 나를 사랑하지 않는 사람에게 매달리는 것은 내 존재가 얼마나 괜찮은지를 몰라서 그러는 것입니다 나를 사랑하지 않는 사람에게 집착하게 된다면, 이는 단지 상대가 아니라 나 자신에 대한 믿음과 확신이 부족한 것입니다.

"나는 충분히 괜찮은 사람인가?"라는 질문에 스스로 확신 있게 대답할 수 없다면, 자연히 타인을 통해 내 가치를 확인받고 싶어지는 것이죠. 그리고 내가 얼마나 괜찮은 사람인지 확신이 없으면 이 사람 아니면 안 될 것 같은 불안이 들어와 매달리게 됩니다.

이런 감정은 비단 연인 관계에만 국한되지 않습니다. 어쩌면 어릴 적 부모님이나 가까운 사람들과의 관계에서도 비슷한 매달림이 반복되었을지도 모릅니다. 내가 누군가를 붙잡고 싶어 하는 만큼, 나 자신에 대해서는 스스로를 비하하고 비난하며 힘들게 했을 것입니다. 내가 잘못했기 때문에, 내가 부족하기 때문에 사랑받지 못한다고 느끼며 자책했을지도 모릅니다.

이러한 마음의 뿌리를 찾아가다 보면, 종종 부모로부터 충분한 사랑과 인정을 받지 못한 경험으로 이어지곤 합니다. 사랑은 단지 따뜻한 느낌만이 아니라, 나의 의존과 독립이라는 양쪽 욕구를 균형 있게 충족시켜 주는 것입니다. 누군가가 내 곁에 있어 주길 바랄 때 함께 있어 주는 것, 내가 자유를 원할 때 자유를 허락해 주는 것이 바로 사랑입니다. 하지만, 많은 사람들은 걱정과 불안으로 누군가를 통제하는 것을 사랑해서 그런다고 합니다. 사랑이라는 이름으로 상대를 억누르고 통제하는 것은, 결국 상대의 인격과 욕구를 무시하는 폭력이 될 수 있습니다.

나 자신에 대한 확신이 없으면, 타인에게 매달리는 관계의 악순환이 반복됩니다. 매달리게 되면 상대는 숨이 막히고, 결국 관계는 끝나 버리게 되죠. 그러면 다시 버림받은 느낌을 느끼면서 자신에 대해 더욱 자신이 없어지고 자신을 보잘 것 없게 생각하게 됩니다.

그렇다면, 이 악순환을 끊어 내기 위해 우리는 무엇을 해야 할까요?

가장 중요한 것은, 나 자신에 대한 자기 확신을 키우는 일입니다. '나'라는 사람의 가치를 스스로 인정할 수 있어야 합니다. 그런데 이는 쉬운 일이 아닙니다. 어릴 적부터 "넌 괜찮은 사람이야. 정말 잘하고 있어."라는 말을 듣지 못했다면, 내 안에는 이미 부정적인 이미지가 깊게 새겨져 있을 가능성이 큽니다. 마치 굳어진 시멘트 위에 찍힌 무늬처럼, 이 이미지를 깨고 새로운 것을 새기는 작업은 쉽지 않습니다. 하지만, 불가능하지도 않습니다. 작게라도 성취해 냈던 일들을 기억해 보십시오. 참 많이 있었을 것입니다. 그 일을 이룬 사람이 당신이고 당신이 그렇게 괜찮은 사람입니다. 기억이 하나도 안 난다면 지금부터라도 작은 성취에서부터 시작해 보세요. 내가 잘할 수 있는 일, 내가 좋아하는 일들을 조금씩 해 보며 성취감과 행복감을 쌓아 가는 겁니다. 맛있는 음식을 먹으며 즐거움을 느끼는 순간도, 좋아하는 취미를 하며 몰입하는 시간도 모두 나를 회복하는 과정이 될 수 있습니다.

이 작은 성공들이 쌓이면서, 점점 내 안에 새로운 믿음이 자리 잡기 시작할 것입니다. "어? 이게 되네. 나도 꽤 괜찮은데?" 하는 좋은 느낌은 행복감을 만들고 이 행복감은, 내가 나 자신을 인정하는 첫걸음이 됩니다. 이런 경험들이 반복되면, 점점 더 나 자신에 대한 확신이 생겨납니다. 그렇게 스스로에 대한 확신이 생기면, 타인에게 매달리지 않고도 온전한 관계를 만들어 갈 수 있게 됩니다.

물론 이 과정은 시간과 노력을 필요로 합니다. 내면에 새겨진 부정적인 이미지를 지우고 새로운 나를 그려 가는 일은 결코 하루아침에 이루어지지 않습니다. 하지만 작은 변화들이 모여, 결국 우리는 더 강하고 아름다운 나로 거듭날 수 있습니다.

지금 느끼는 이 갈증은, 나 자신을 사랑하는 법을 배우기 위한 시작일지도 모릅니다. 헤어진 남자친구의 마음을 돌리고 싶은 마음은, 나에 대한 확신이 없어서일 것입니다. 그러니 먼저 나에게 집중해 보세요. 나를 돌아보고, 내가 해 온 일, 내가 얼마나 괜찮은 사람인지 알아보기 바랍니다. 그 과정에서 진정한 사랑과 관계의 의미를 깨닫게 될 것입니다. 그리고 그때는, 남자친구를 되찾고 싶다는 갈증이 아니라, 내 삶의 중심에 온전히 나를 두는 평온함을 느낄 수 있을 것입니다.

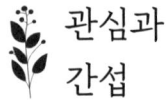
관심과
간섭

 "잔소리를 할수록 아이와의 관계가 안 좋아져서 잔소리를 안 하려니 할 말도 없고, 차라리 말을 안 하는 게 낫겠어요. 그 꼴을 안 보는 게 나아요."라고 말하는 이들의 고민은 깊습니다. 늘 잔소리를 하던 사람이 잔소리를 멈추고 대화하는 것은 결코 쉬운 일이 아닙니다. 하지만 잔소리를 하지 말라는 것이 관심조차 두지 말라는 뜻은 아닙니다.

 잔소리는 간섭이고, 간섭은 미움의 또 다른 얼굴입니다. 자식이나 배우자를 미워하는 마음이 깔려 있다면, 그 상대를 진심으로 좋아하기는 어렵습니다. 잔소리는 하는 사람은 일시적으로 속 시원할지 몰라도, 듣는 사람은 괴롭습니다. 결국 잔소리는 또 다른 형태의 폭력이 될 수 있습니다.

 그렇다면, 잔소리를 멈춘 자리에 무엇을 채워야 할까요? 그것은 바로 따뜻한 관심입니다. 무관심은 사랑의 반대말입니다. 사람 사는 세상에서 관계는 관심을 주고받으며 형성됩니다. 진정한 관심은 상대방에 대한 사랑과 존중에서 비롯됩니다.

 관심은 이렇게 시작됩니다. "그게 무슨 뜻이니?", "넌 어떤 생각을 하니?", "밥은 먹었니?", "어디 아픈 곳은 없니?"와 같은 물음들에서요. 질타나 비난이 아니라, 상대의 건강과 마음 상태에 대한 진솔한 궁금

중에서 우러나오는 대화가 바로 관심입니다. 관심은 또한 내가 알지 못하는 이야기를 상대가 할 때 그 이야기에 귀 기울이고 적극적으로 물어보는 행동에서 드러납니다.

"너의 이야기가 궁금해."라고 묻는 태도, "난 아직 너를 잘 모르지만, 너에게 관심 있어. 네 이야기를 듣고 싶어."라고 말하는 마음, 이것이 바로 관심이고 사랑입니다. 반대로, "나는 네 얘기가 듣기 싫어. 네 얘기는 재미없고 궁금하지 않아."라는 태도는 갈등과 단절을 초래할 뿐입니다.

진정한 관심은 공감을 낳습니다. 상대의 이야기를 듣고 이해하려는 노력이 그 자체로 사랑의 표현이 됩니다. 이 모든 것을 합쳐 우리는 '지지'라고 부릅니다. 지지는 단순한 응원이 아닙니다. 지지는 상대가 사랑받고 있다고 느끼게 하며, 그 마음에 힘을 불어넣어 줍니다. 사람은 관심과 지지를 받을 때 정신의 근육이 단단해지고, 삶을 살아가는 에너지를 얻습니다.

잔소리를 멈추고 관심을 채워 보세요. 상대의 이야기에 귀를 기울이고, 그 마음을 들여다보세요. 사랑은 거창한 것이 아닙니다. 작은 관심과 공감이 모여 큰 사랑을 만듭니다. 그리고 그 사랑은 관계를 깊고 따뜻하게 만듭니다. 잔소리 대신 관심을 주는 순간, 당신과 상대는 함께 성장하고, 진정으로 서로를 이해하게 될 것입니다.

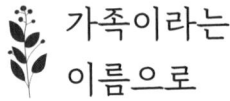 가족이라는
이름으로

　가족이라는 이름으로 끝없이 희생당하는 사람들이 있습니다. 미성년일 때는 부모 밑에서 형제자매와 함께 자라며 의존적 관계를 맺지만, 성인이 되면 각자 독립적으로 자신의 삶을 살아가야 합니다. 그러나 부모 역할을 일찍 떠맡게 된 사람은 성인이 되어도 원가족과 정서적 끈을 끊지 못하고 독립하지 못하는 경우가 많습니다.

　화분이 커지면 분갈이를 해야 새로운 화분에서 자랄 수 있듯, 성인이 되고 결혼을 하면 각자의 가정을 꾸리며 독립적으로 살아가는 것이 자연의 이치입니다. 형제자매는 한 부모 아래서 자랐지만, 성인이 되어 결혼하면 특별한 이웃이 됩니다. 이웃은 서로 돕고 지낼 수 있지만, 나에게 해를 끼치거나 너무 큰 부담을 주는 경우 만나지 않을 수도 있습니다. 그러나 형제자매라는 이유로 계속해서 나를 괴롭히거나 의존하며 부담을 주는 관계는 건강하지 않습니다. 이는 독립되지 못한 관계의 전형이며, 특히 일찍 부모화된 사람에게서 자주 나타나는 문제입니다.

　부모화된 아이라는 것은 어린 시절부터 부모의 역할을 대신하며 자라 온 사람을 뜻합니다. 부모화는 두 가지로 나타날 수 있습니다. 첫째는 도구적 부모화로, 집안일을 도맡거나 동생을 돌보고 부모를 대신

해 가정을 꾸리는 역할을 하는 것입니다. 둘째는 정서적 부모화로, 부모가 우울하거나 힘들어할 때 부모의 기분을 맞추기 위해 눈치를 보고 부모를 기쁘게 하려 노력하는 것입니다. 이러한 역할은 본래 부모의 몫이며, 자녀는 돌봄을 받는 존재여야 하지만, 부모화된 아이는 스스로를 돌볼 기회조차 박탈당합니다.

부모화된 사람은 성인이 되어서도 이러한 패턴을 이어 갑니다. 친구 관계에서조차 부모처럼 돌보거나 충고하고, 조언하려는 행동을 보입니다. 결혼 후에는 배우자에게도 부모 역할을 하며 과도하게 돌보거나 잔소리를 하게 됩니다. 또한 원가족에서 부모 역할을 하던 사람은 결혼 후에도 자신의 핵가족보다 원가족의 부모나 형제자매를 돌보는 데 에너지를 쏟곤 합니다. 그러나 성인이 된 후, 원가족의 형제자매는 이웃일 뿐입니다. 좋은 관계를 유지하며 즐겁게 지낼 수 있지만, 자신의 삶을 희생하며 그들을 돌볼 필요는 없습니다.

내가 여유가 있고 삶이 풍족할 때, 어려운 형제자매를 돕는 것은 아름다운 일입니다. 그러나 그것은 선택이지 의무가 아닙니다. 선행은 권장할 수는 있어도, 하지 않았다고 비난받을 이유는 없습니다. 가족이라는 이름으로 자신의 삶을 희생하거나, 결혼 후에도 원가족에게 매여 살 필요는 없습니다.

결혼 후에는 배우자와 함께 이룬 나의 가족을 중심으로 살아가야 합니다. 이는 자연의 이치에 부합하는 삶의 방식입니다. 자연 속에서도 새들은 둥지를 떠나 각자 자신의 삶을 꾸리고, 나무들은 자신만의 뿌리를 내리며 자라납니다. 우리는 자연의 일부이며, 자연은 우리에게 독립과 성장의 지혜를 가르칩니다.

　성인이 되면 부모와 형제자매도 각자 자신의 인생을 책임져야 합니다. 누나, 형, 맏아들이라는 이유로 원가족의 희생양이 되어 계속해서 돌볼 책임은 없습니다. 가족이라는 이름으로 나를 매는 관계에서 벗어나, 진정한 독립을 이루는 것이 중요합니다. 내 가족을 중심으로 살아가되, 여유가 있다면 이웃을 돌아보고 도울 수 있는 따뜻함을 지닌다면, 그것이야말로 건강하고 아름다운 삶의 방식일 것입니다.

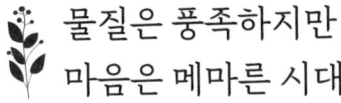
물질은 풍족하지만
마음은 메마른 시대

현대는 물질적으로 풍요롭지만 마음이 고픈 시대입니다. 전쟁 이후 경제적으로 어려웠던 세대는 물질은 부족했지만, 사람들은 서로의 마음을 나누었습니다. 비록 비싼 옷을 사 주지 못해도 언니의 옷을 물려받고 직접 옷을 만들어 주며 사랑을 표현했습니다. 먹을 것이 부족해도 가족끼리 나누어 먹고, 부모는 자신의 몫을 자식에게 양보하며 '너라도 잘되길 바란다.'는 마음을 전했습니다.

그러나 우리는 경제적 성공에만 몰두하며 점차 마음의 자리를 잃어버렸습니다. 자녀가 "학원에 가기 싫다."고 하면 그 마음을 이해하려 하기보다는, 성공만을 목표로 다그쳤습니다. 대학에만 가면, 성공만 하면, 마음은 중요하지 않다고 여겼습니다. 그 결과, 아이들은 마음의 허기를 느끼며 점차 내면이 약해졌습니다. 이른바 '셀프'라고 불리는 내면의 중심이 흔들리게 된 것입니다.

화분이 물과 영양분을 먹어야 잘 자라듯이, 우리의 내면도 마음의 온기를 먹어야 건강하게 자랄 수 있습니다. 하지만 우리는 타인의 마음에 공감하기보다는 충고하고 조언하기에 급급합니다. 자녀가 "피곤하다."고 말하면 "많이 피곤하겠다."는 공감 대신, "뭐가 피곤하니? 다른 사람들은 더 열심히 한다."는 말로 아이의 마음을 외면합니다. 또한 배우자가 "힘들다."고 말하면 "그래, 많이 힘들었겠구나."라며 위로하기보다 "내가 더 힘들어."라며 상대의 감정을 가볍게 넘깁니다.

놀고 싶다는 아이의 마음, 쉬지 못해 힘들다는 배우자의 마음을 이해하고 보듬는 대신, 우리는 일과 성취 위주의 말들로 서로의 공허감을 키웁니다.

공허감이란 사랑하는 사람에게서 충분한 마음을 받지 못했을 때 생기는, 마음 한구석이 텅 비어 있는 느낌입니다. 마음이 메말라 가는 세상 속에서 모두가 서로를 부러워하고, 채워지지 않는 욕구를 느끼며 살아갑니다.

아이의 마음을 받아 주고, 배우자의 마음에 공감하며, 친구의 감정을 헤아리는 일은 사소해 보이지만, 우리 모두의 내면을 건강하게 만듭니다. 특히 어린아이일수록 마음을 나누고 받아야 합니다. 그래야 아이의 내면이 튼튼해져서 자기 삶을 스스로 살아갈 수 있는 힘이 생깁니다.

이제는 마음을 나눌 때입니다. 누군가가 "힘들다."고 말할 때, "그래, 많이 힘들었겠다."고 대답해 보세요. 부러움을 표현할 때, "그래, 부러웠구나"라고 공감해 주세요. 무엇보다 자신의 마음을 외면하지 말고 자신이 마음을 만나 주고 인정해 주어야 합니다. 말 한마디, 공감의 제스처 하나가 마음의 허기를 채울 수 있습니다. 물질은 풍족하지만 마음은 메마른 이 시대에, 우리는 서로의 마음을 나누며 진정한 풍요로움을 만들어 가야 합니다.

3장

삶의 지혜 배우기

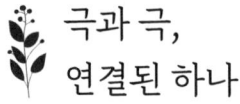 극과 극,
연결된 하나

 과잉과 결핍, 이기주의와 이타주의. 가해자와 피해자, 수치와 존귀, 사랑과 미움, 우월감과 열등감, 행복과 불행, 이 모든 것들은 겉으로는 상반된 것처럼 보입니다. 그러나 깊이 들여다보면, 이들은 서로 긴밀히 연결된 하나의 연장선 위에 있습니다.
 사랑받고 싶기에 사랑을 주고, 내가 의존하고 싶기에 도움을 줍니다. 우리가 하는 행동의 이면에는 무의식적인 욕구가 자리하고 있습니다.

과잉과 결핍

 결핍 속에서 자란 사람은 종종 과잉을 갈망합니다. 어릴 적 사랑과 관심을 충분히 받지 못했던 사람은 많이 받으면 행복할 것이라 믿으며, 그 결핍을 자신의 자녀에게 과잉보호로 채우려 할 수도 있습니다. 그러나 과잉도 결핍과 마찬가지로 고통을 낳습니다.
 홍수가 나도 마실 물이 없고, 가뭄 속에서도 마실 물이 없는 것처럼, 가정형편이 어려워 공부를 못했던 과거나, 공부, 공부 하면서 학원에서 벅차게 공부하는 것이나 느끼는 고통의 무게가 같습니다. 과잉과 결핍은 결국 같은 고통의 두 얼굴일 뿐입니다. 과잉보호는 자녀를 숨 막히게 하고, 결핍은 아이를 외롭게 만듭니다. 중요한 것은 이 둘 사이에서 균형을 찾는 것입니다.

이기주의와 이타주의

이기주의와 이타주의도 마찬가지입니다. 겉으로는 정반대처럼 보이지만, 이 둘은 결국 연결되어 있습니다.

이타주의로 지나치게 희생하며 살다 보면, 마음 한구석에 억울함이 자리 잡습니다. "이만큼 했는데, 왜 나에게는 아무것도 돌아오지 않는가?" 억울함은 미움으로 변하고, 미움은 관계를 단절로 이끕니다.

반대로, 나만을 위해 살다 보면 어느 순간 미안한 마음이 찾아옵니다. "내가 이렇게 살아도 되는 걸까?" 그 미안한 마음은 타인을 돌아보게 하고, 결국 사랑으로 이어질 수 있습니다. 이타주의로 시작했는데 미움으로 끝나고, 이기주의로 시작했는데 사랑으로 끝날 수 있습니다. 삶은 이처럼 끊임없이 순환하고, 모든 극단은 서로를 품고 있습니다.

가해자와 피해자

가해자와 피해자도 전혀 다른 것 같지만 무의식에서 연결되어 있습니다. 피해자와 가해자가 고정된 것이 아니라, 상황에 따라 역할이 순환하며 변화합니다. 아내가 남편에게 잔소리를 하면 남편은 피해자가 되어 상처를 받고, 화가 난 남편이 아내에게 무력으로 대응하는 순간 그는 가해자가 됩니다. 이후 피해자가 된 아내는 자녀들에게 남편의 행동을 하소연하고, 자녀들은 아빠를 원망하며 다시 공격합니다. 그때 아이들은 아빠를 공격하는 가해자가 되고 아빠는 다시 피해자가 됩니다. 피해를 받은 아빠는 자녀들을 야단치면서 다시 가해자가 됩니다. 그러나 마음 깊은 곳에서는 모두 피해를 받았다고 생각합니다. 이 과정 속에서 모두가 자신을 피해자라고 여기고, 갈등은 끊임없이 이어집니다.

수치와 존귀

수치와 존귀 또한 언뜻 보기에는 대조적인 개념이지만, 결국 하나로 이어집니다. 수치를 인정하고 받아들일 때, 우리는 그 너머에 있는 존귀함을 발견할 수 있습니다. 성경 속 예수도 벌거벗기고 십자가에 달린 후 존귀하게 되어 2,000년이 넘도록 존경을 받고 있습니다. 내가 수치를 당한 만큼, 내 안에는 존귀한 무언가가 자리하고 있습니다.

사랑과 미움

사랑과 미움도 같은 뿌리에서 나옵니다. 미움을 뒤집으면 사랑이 됩니다. 우리는 관계없는 사람을 미워하지 않습니다. 미움은 사랑했던 사람에게서 비롯됩니다.

- 사랑받고 싶은 마음이 채워지지 않을 때, 그 빈자리가 미움으로 변합니다.
- 미움은 오지 않는 사랑에 대한 몸부림이자, 처절한 외침입니다.

사랑은 부드러움이고 미움은 사랑이 안 와서 내가 너무 화가 났다는 것입니다. 사랑받고 싶은 마음이 충족되지 않으면 미움이 생깁니다. 미움은 결국 사랑받고 싶은 욕구의 좌절에서 비롯된 것입니다. 또한, 내가 한쪽을 사랑하면 다른 쪽을 미워하게 되기도 합니다. 결국 사랑과 미움도 동시에 발생하는 감정입니다.

사람들은 사랑은 좋고 미움은 나쁘다고 배웁니다. 그러나 미움 또한 우리에게 필요한 감정입니다. 미움을 부정하지 말고, 그것을 온전히 체험하며 끌어올릴 때, 미움 뒤에는 맑은 물처럼 사랑이 올라옵니다. 부모에게, 자식에게, 혹은 연인에게 미운 마음이 들 때, 그 감정을 억누르기보다는 "아, 밉구나." 하고 인정해 보세요.

그 감정을 받아들이는 순간, 미움 뒤에 숨겨진 사랑이 다시 떠오르기 시작할 것입니다.

우월감과 열등감

우월감과 열등감 또한 마찬가지입니다. 스스로 우월하다고 자랑하는 사람 안에는 깊은 열등감이 숨어 있고, 열등하다고 느끼는 사람 안에는 그만큼 우월한 자아가 존재합니다. 열등하다고 느끼는 마음을 인정하고 수용하면, 우리는 자신의 우월한 모습 또한 발견할 수 있습니다. 낮과 밤이 하나이듯, 극과 극의 모습은 회전하면 같은 모습이 됩니다.

우리의 삶은 극과 극이 연결된 하나의 연장선 위에 있습니다. 극과 극은 같은 뿌리에서 비롯된 감정들입니다. 사랑받고 싶은 욕구가 미움으로 나타날 수도 있고, 희생과 헌신이 억울함으로 변할 수도 있습니다. 그러나 이 모든 감정은 우리 안에서 공존하며, 인간다운 삶을 완성하는 요소가 됩니다. 우리는 때로 사랑하고 미워하며, 때로 희생하고, 때로 나 자신만을 위해 살아갑니다. 중요한 것은 이 모든 감정을 있는 그대로 받아들이고 인정하는 것입니다. 그리고 이 모든 것이 연결되어 있음을 깨닫는 순간, 우리는 갈등 속에서 조금은 덜 괴로워집니다.

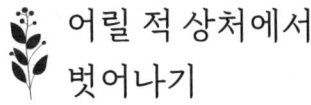
어릴 적 상처에서 벗어나기

우리 삶은 크고 작은 상처로 가득합니다. 심각한 질병, 물리적 위협, 가까운 이의 죽음 같은 사건들은 마음에 깊은 흔적을 남깁니다. 그러나 중요한 것은 그 상처가 우리를 지배하지 않도록 하는 일입니다.

모든 아픈 경험이 트라우마로 남는 것은 아닙니다. 내면이 단단하다면 큰 사건도 트라우마 없이 지나갈 수 있습니다. 반대로 아무리 작은 사건이라도 그것이 마음의 상처로 자리 잡으면 트라우마가 됩니다. 결국, 트라우마란 상처의 크기가 아니라, 우리의 마음이 그 경험을 어떻게 받아들이느냐에 따라 결정됩니다.

상처와 치유, 그리고 시간의 힘

우리가 살아가며 트라우마를 겪을 확률은 약 50%, 가까운 사람의 죽음을 포함하면 거의 80%에 이릅니다. 하지만 희망적인 사실은 대부분의 사람들이 시간이 지나면서 자연스럽게 회복된다는 점입니다.

마치 피부의 상처가 시간이 지나며 아물듯, 마음의 상처도 우리 내면의 회복력을 통해 치유됩니다. 트라우마를 겪은 사람들 중 약 50%

는 3개월 이내에, 대부분은 1~2년 안에 회복됩니다. 이는 시간이 약이라는 오래된 진리가 여전히 유효함을 보여 줍니다.

그러나 시간이 지나도 나아지지 않는 사람들이 있습니다. 그들의 상처는 깊이 묻혀 있으며, 원치 않게 기억이 반복적으로 떠오르고, 그 장소를 회피하며, 감정은 예민해지고 부정적인 생각에서 벗어나지 못합니다. 이런 경우, 혼자서 치유하기보다 상처를 꺼내어 말로 표현하고 정리하는 과정이 필요합니다.

말은 치유의 시작이다

말은 상처를 치유하는 첫걸음입니다. 상처를 말하지 않고 마음에 묻어 두는 사람들은 그 기억 속에서 길을 잃습니다. 말로 표현되지 않은 기억은 뒤엉켜 왜곡될 수 있지만, 언어로 풀어낼 때 그 기억은 정리되고 명료해집니다.

마치 어질러진 방을 정리하듯, 혼란스러운 마음도 정리되면 새로운 공간과 여유가 생깁니다.

- 말하는 순간, 마음에 뭉쳐 있던 긴장이 풀립니다.
- 그 기억에 붙잡혀 있던 에너지가 자유로워집니다.

혼자서 감당하기 어렵다면, 믿을 수 있는 누군가에게 마음을 열어 보세요. 전문 상담가의 도움을 받는 것도 좋은 방법입니다. 따뜻한 지지 속에서 우리는 상처를 꺼내어 바라보고, 해석하며, 그 고통으로부터 점차 자유로워질 수 있습니다.

그 일은 이미 지나간 일이다

트라우마를 마주할 때, 우리는 이렇게 말해 볼 필요가 있습니다.
"그 일은 이미 지나간 일이다. 나는 그 순간을 견뎠고, 지금도 살아가고 있다."
과거의 상처는 더 이상 우리를 지배할 수 없습니다. 그 일은 내가 잘못한 것이 아닙니다. 부끄러워할 사람은 내가 아니라, 나에게 상처를 준 사람입니다.

트라우마와 마주하기

트라우마를 극복하려면 그 기억 속으로 다시 들어가야 할 때가 있습니다. 그러나 너무 두렵다면 서두를 필요는 없습니다. 공포는 무리하게 마주하면 오히려 더 커질 수 있기 때문입니다.
이 과정은 신뢰할 수 있는 따뜻한 사람과 함께해야 합니다. 처음 그 일을 겪었을 때, 나를 지켜 줄 사람이 없었다면 공포가 더욱 컸을 것입니다. 하지만 이번에는 다릅니다.

- 믿을 수 있는 사람이 내 곁에 있습니다.
- 그들의 온화한 지지 속에서 나는 다시 그 기억을 마주하고, 해석하며, 스스로 자유로워질 수 있습니다.

치유의 길: 상처는 아물고, 새로운 나를 만든다

트라우마는 나를 넘어설 수 있는 힘으로 변할 수 있습니다. 그 일은 나를 부러뜨리지 못했습니다. 내가 그 순간을 견뎠고, 지금도 살아가고 있다는 사실이 그 증거입니다.

과거의 상처가 아무리 깊다 해도, 그것은 당신을 묶을 수 없습니다. 당신은 그 순간을 견뎌 냈고, 지금도 살아가며 앞으로 나아가고 있습니다. 스스로를 칭찬하고, 자신에게 이렇게 말해 보세요.

"나는 내가 겪은 고통에도 불구하고 이 자리까지 왔다. 나는 충분히 잘해 내고 있다. 그리고 나는 더 나아질 것이다."

지금은 상처 속에 있을지라도, 그 안에서 우리는 스스로를 치유하며 다시 피어날 힘을 가지고 있습니다. 상처는 우리의 끝이 아니라, 새로운 시작의 씨앗입니다.

믿으세요. 당신은 그 상처를 넘어설 수 있습니다. 지금 당신 안에 이미 그 힘이 있습니다.

"나는 내 상처를 극복하며 더 단단하고 빛나는 내가 될 것이다." 그것이 바로 당신의 이야기가 될 것입니다. 지금은 어렵고 힘들더라도, 믿음을 가지고 한 걸음씩 나아가세요. 상처는 아물고, 그 자리에 새로운 나 자신이 피어날 것입니다.

"그 일은 나를 멈추게 하지 못했다."

"나는 그 순간을 견디고 여기까지 왔다."

트라우마를 넘어서면서 우리는 더 깊고 넓은 사람이 되어 갑니다. 그 상처는 내가 얼마나 강한지를 증명하는 흔적이 될 것입니다.

내적 표상:
나를 행동하게 하는 무의식의 힘

우리 모두는 자신만의 무의식적 내적 표상에 따라 살아갑니다. 심리학자 에릭 번이 제시한 교류분석(TA) 이론에 따르면, 사람마다 인생에서 맡게 될 역할, 즉 '인생 각본'이 존재합니다. 이 각본은 어린 시절부터 무의식 속에 자리 잡은 내적 표상들에 의해 형성됩니다. 문제는 우리가 이 각본을 스스로 쓰지 않았다는 점입니다.

내적 표상이란 무엇인가?

어린 시절, 부모와 환경으로부터 경험한 말과 행동, 그리고 감정들이 우리 내면에 강렬한 흔적을 남깁니다. 이는 우리가 자신과 타인, 그리고 세상을 바라보는 틀을 형성합니다. 우리는 이러한 표상을 통해 삶을 해석하고 반응합니다.

"타인과 세상은 이렇다. 고로 나는 이런 존재다."

이 표상들은 무의식 속 깊이 자리 잡아 성인기의 감정, 행동, 그리고 대인관계에 지속적인 영향을 미칩니다. 어린 시절의 부정적인 경험(예: 학대, 방치, 과잉보호 등)은 자기 자신과 타인에 대한 왜곡된 사고방식과 정서적 반응 패턴을 형성하게 됩니다. 문제는 우리가 이러한 표상의 존재조차 인식하지 못한다는 점입니다.

어린 시절 부모로부터 받은 말과 행동이 깊이 새겨져 우리 삶을 지배하기 때문입니다.

"너를 낳지 말았어야 했는데…"

"너만 없었더라면…"

"넌 왜 태어나서 나를 이렇게 힘들게 하니?"

이런 말을 들으며 자란 아이는 자신이 존재할 가치가 없다고 느끼게 됩니다. 그래서 무언가를 끊임없이 해야만 자신의 존재를 증명할 수 있다고 믿게 됩니다.

내적 표상이 우리 삶에 미치는 영향

무의식 속 깊이 형성된 내적 표상에 따라 세상에서 일어나는 일들을 해석하고 행동합니다. 어린 시절 부모로부터 충분한 애착과 안정감을 받지 못하면, 관계에서 버림받을까 두려워 집착하거나 극단적인 행동을 하게 됩니다. 내가 잘하지 않으면 버림받을 수 있다고 무의식적으로 생각하고 과도하게 잘하려고 하든지 상대에게 매달리든지 하게 됩니다. 버림받게 될까봐 두려운 사람들은 '아니요'라고 못 합니다. '아니요'라고 말하면 상대가 나를 싫어할 것이라고 생각하고 나를 싫어하면 내가 버림받을 것이라고 생각하기 때문입니다. 보살핌이 필요할 때

받지 못한 사람은 타인을 믿지 못하게 되니 늘 자신을 해치거나 배신할 것이라고 의심하며 방어적이거나 공격적인 태도를 보이게 됩니다.

어떤 사람은 독립적인 행동을 회피하고 누군가에게 의존하려는 성향을 만들 수도 있습니다. 늘 미래에 대해 부정적인 사고를 가지고 있다면 항상 최악의 상황을 예상하며 과도한 걱정을 하게 될 것입니다.

이렇듯 내적 표상은 마치 무의식적인 지침서처럼 우리의 선택을 좌우합니다. 우리는 어릴 적 부모와의 관계에서 채워지지 못한 사랑과 결핍을 비슷한 상황이나 관계 속에서 재현하며 괴로움을 다시 경험합니다.

내적 표상을 인식하는 것이 변화의 시작이다

우리는 모두 각자 다른 내적 표상을 가지고 있습니다. 이 표상들은 어린 시절의 경험과 기억으로 형성되어, 우리의 행동과 감정을 무의식적으로 지배합니다. 그러나 그것들을 알아차리고 직면할 때, 우리는 더 이상 그것에 휘둘리지 않을 수 있습니다.

내적 표상을 알아차려야 합니다. 내가 반복적으로 겪는 갈등, 행동, 감정을 돌아보며 "왜 이런 행동을 하게 되는 걸까?"라고 자문해 보아야 합니다. 행동 이면에 있는 무의식적 욕구를 알아차려야 합니다.

- 버림받을 것에 대한 두려움이 있는 사람은 자신이 버림받을 것

같은 표상이 있을 수 있습니다.
- 이런 사람은 버림받지 않으려고 집착하지만, 결국 집착이 버림받게 만드는 원인이 됩니다.
- 매달리는 것은 오히려 무의식적 욕구에 끌려가는 것입니다. 버림받지 않으려면 이러한 무의식적 욕구를 알아차리고 매달림을 내려놓아야 합니다.

부모의 상처와 결핍에서 비롯된 무의식적 각본을 떨쳐 내고, 자신의 삶을 주체적으로 살아갈 힘을 찾아야 합니다. 과거의 표상이 나를 지배할 때, 나는 그저 과거의 반복 속에 갇힌 사람이 됩니다. 하지만 그 표상을 넘어서려는 순간, 나는 새로운 가능성의 문 앞에 서게 됩니다.

우리는 과거를 바꿀 수는 없지만, 그 과거를 바라보는 시선과 지금의 선택을 바꿀 수 있습니다.

"내 안에 자리한 표상이 나를 설명할 수는 있어도, 내가 누구인지, 내가 앞으로 어디로 갈지는 나 스스로 선택할 수 있다."

내적 표상을 이해하고 그것을 넘어서는 일은 쉽지 않을 수 있습니다. 그러나 중요한 것은 그 표상이 나 자신은 아니라는 것입니다. 살아오면서 나도 모르게 타인에 의해 씌워진 가짜라는 것입니다. 의존하지 않아도 당신은 살아갈 수 있고, '아니요'라고 말해도 버림받지 않습니다. 당신은 누구에게도 버림받는 존재가 아닙니다. 내 인생의 선택은 내가 하는 것입니다. 인생의 운전대를 타인에게 맡기지 말고 스스로 운전해 가야 합니다. 정말 당신은 그대로 괜찮은 사람입니다.

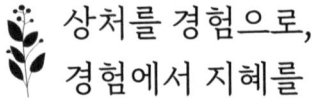
상처를 경험으로,
경험에서 지혜를

"젖지 않고 피는 꽃이 어디 있으랴. 이 세상 그 어떤 빛나는 꽃들도 다 젖으며, 젖으며 피었나니." 도종환 시인의 시 한 구절처럼, 우리의 삶에서도 상처 없이 성장하는 길은 없습니다. 상처는 우리를 아프게 하고 때로는 무너뜨릴 것처럼 보이지만, 그 상처가 치유되고 공감을 받는 순간, 그것은 우리를 빛나게 하는 자원이 됩니다.

몸이 다치면 시간이 지나면서 새살이 돋듯이, 마음의 상처도 치유와 회복의 과정을 거칩니다. 그러나 마음의 상처는 종종 더 깊이 남아 과거의 아픔에 발목을 잡고, 앞으로 나아가길 주저하게 만듭니다. 시간이 지나면 자연스럽게 흐려질 것 같지만, 치유되지 않은 상처는 여전히 아프고 선명하게 남아 있습니다.

상처를 치유하기 위해서는 먼저 그것을 인정하고 받아들여야 합니다. 우리는 흔히 상처를 부정하거나 숨기려 합니다. 그러나 그렇게 하면 상처는 더 깊어질 뿐입니다. 상처는 우리가 그것을 느끼고, 인정하며, 받아들일 때 비로소 치유되기 시작합니다. 고통을 피하지 않고 정면으로 마주할 때, 상처는 경험이 되고 그 경험은 우리를 성장으로 이끕니다.

부모님들은 자녀가 아플 때 종종 이렇게 말씀하셨습니다. "아프면서 크는 거야. 아프고 나면 더 튼튼해지더라." 몸이 아프면 푹 쉬고 시간을 보내야 회복되듯이, 마음의 상처도 충분한 시간이 필요합니다. 그 과정에서 우리는 고통을 껴안고 함께 살아가는 법을 배웁니다. "많이 아프구나, 힘들구나."라고 스스로에게 말하며 상처를 받아들이는 순간, 치유가 시작됩니다.

상처는 혼자서 견뎌야 하는 것이 아닙니다. 우리의 상처가 공감을 받을 때, 그것은 더 이상 부끄러운 흉터가 아니라, 나와 타인을 연결하는 다리가 됩니다. 아픔을 나누는 순간, 우리는 서로를 이해하게 되고 상처는 더 이상 나만의 이야기가 아닙니다. "내가 이렇게 아팠구나. 그런데 나만 그런 게 아니었구나." 이 깨달음은 상처를 빛으로 바꾸는 첫 걸음이 됩니다. 공감은 단순한 위로를 넘어, 서로를 치유하고 연결하는 강력한 힘이 됩니다.

상처는 경험이라는 자원이 되고, 경험을 통해서 지혜를 배운다

상처는 우리가 배우지 못한 삶의 교훈을 알려 줍니다. 그 속에서 우리는 성숙하고, 삶의 새로운 자원을 발견합니다. 아팠던 만큼 우리는 더 깊어지고, 넘어졌던 만큼 강해지며, 실패를 통해 지혜를 배우게 됩니다. 상처는 우리를 망가뜨리기 위해 있는 것이 아니라, 더 나은 사람으로 거듭나도록 돕기 위해 존재합니다. 상처는 우리의 이야기를 완성하는 중요한 한 부분입니다.

살다 보면 돌부리에 걸려 넘어질 때도 있고, 예상치 못한 사고를 겪을 때도 있습니다. 그런 경험들은 다음에 주변을 돌아보라는 삶의 메시지가 됩니다. 상처도 마찬가지입니다.

"나는 이 경험을 통해 무엇을 배웠는가?" 스스로에게 묻고 그 답을 찾아낼 때, 상처는 내 삶의 한 경험이 됩니다. 그 경험을 통해 지혜를 배웁니다. 상처가 그냥 상처로 남을 때 가장 아프고 슬픕니다. 상처받았던 일들을 경험으로 만든다면 상처는 보석이 될 것입니다. 상처가 경험이 되고 그 경험 속에서 지혜를 배운다면 결국 상처는 우리 삶의 자원이 됩니다. 상처를 상처로만 인식하지 않고 인생의 중요한 경험으로 받아들일 때, 그것은 더 이상 아픔이 아니라 보석이 됩니다. 아팠던 그 순간을 돌아보면서 거기서 무엇을 배웠나요?

젖은 꽃잎이 더 아름답다

젖지 않고 피는 꽃이 없듯이, 상처 없이 살아가는 삶도 없습니다. 바람에 흔들리고 비에 젖으며 피어난 꽃이 더 빛나듯이, 우리의 상처도 공감과 치유를 통해 삶의 빛으로 변화합니다.

"내 상처가 누군가에게 빛이 된다면, 그것은 더 이상 나를 괴롭히는 아픔이 아니라, 세상을 비추는 따뜻한 등불이 됩니다."

우리의 상처는 우리만의 이야기가 아닙니다. 그것은 세상을 이해하고 사랑하며 더 나은 사람으로 살아가게 하는 힘입니다. 당신의 상처는 당신의 가장 빛나는 이야기가 될 것입니다. 그리고 그 빛은 당신만이 아니라, 당신과 함께하는 모든 사람들에게 따뜻함과 희망을 전할 것입니다. 젖은 꽃잎이 더 아름답듯이, 당신의 상처는 세상을 밝히는 빛이 됩니다.

두려움이 불러오는 가해자의 마음

2023년 8월 15일, 경북 고령의 한 농장에서 스무 살 된 암사자 한 마리가 탈출했다는 뉴스가 보도되었습니다. 이름은 사순이. 깡마른 몸, 외로운 눈빛을 가진 사순이는 2008년부터 개인 농장에서 사육되어 왔습니다. 사순이는 그날, 폭염 속에서 우리 밖으로 나왔습니다. 주인이 뒷문을 닫는 것을 깜박한 사이였습니다.

그저 우리 밖으로 나와 농장에서 4m 떨어진 숲속 그늘에 가만히 앉아 있던 사순이는 탈출한 지 한 시간 만에 엽사에 의해 사살되었습니다.

사순이는 왜 죽어야 했는가?

사순이는 그저 쉬고 있었을 뿐이었습니다. 사람을 위협하지 않았고, 공격의 흔적도 없었습니다. 그저 더위를 피해 조용히 앉아 있던 사순이는, '사자라는 이유만으로' 생을 마감해야 했습니다.

"사자는 강한 육식동물이고 사나워. 잘못 건드렸다간 물려 죽을 거야. 사자는 위험한 동물이니 안전을 위해 죽여야 해."

사람들의 두려움은 너무나 빠르게 결론을 내렸습니다.

- 사순이가 잠재적 위험 요소이기 때문에 죽여야 한다고.
- 더 안전한 방법(포획, 마취 후 이송)은 너무 번거롭다고.

결국, 사순이는 자신의 의지와 상관없이 두려움이라는 인간의 프레임 속에서 가해를 당했습니다.

우리 안의 두려움: 편견과 선입견의 그림자

우리는 얼마나 많은 사순이를 만들어 내고 있을까요?

- 특정 지역에서 태어났다는 이유로.
- 어떤 소수 집단에 속한다는 이유로.
- 단지 외모나 조건이 '다르다'는 이유로.

이런 이유만으로 편견에 사로잡히고, 선입견을 강화하며, 때로는 비난과 공격을 서슴지 않기도 합니다. 누군가가 상사라는 이유만으로 '갑질' 프레임을 씌우기도 하고, 약자라는 이유만으로 무조건 피해를 입는다고 여깁니다. 그러나 약자도, 피해자도 다른 측면에서 가해자가 될 수 있습니다. 모든 프레임과 편견 뒤에는 두려움이 자리 잡고 있습니다.

두려움이 만들어 내는 가해

두려움은 우리를 자기중심적 시야로 가둡니다. 그리고 자신을 지키겠다는 이유로 타인을 해치고, 결국 자신도 가해자가 되고 만다는 사실을 깨닫지 못합니다.

- 실제로 내가 피해를 입고 있는가?
- 아니면 두려움에 휩싸여 내가 만들어 낸 '가해자 이미지'로 공격하고 있는가?

우리는 스스로에게 물어야 합니다. 내가 타인을 어떻게 보고 있는지, 그들이 정말 나를 해치고 있는지 말입니다.

사순이가 남긴 메시지

사순이의 외롭고 지친 눈빛은 쉽게 잊히지 않습니다. 우리는 때로 스스로의 두려움과 불안을 직면하지 못한 채 타인을 비난하고, 공격하고, 그들을 '위험한 존재'로 낙인찍습니다.

사순이가 생을 마감했던 그날, 그는 누구를 해치려 하지 않았습니다. 그저, 조용히 쉬고 싶었을 뿐입니다. 하지만 사자라는 이유로, 그는 인간의 두려움 속에서 살아남을 기회를 잃었습니다.

우리 안의 두려움 직면하기

우리는 세상을 사람들이 씌운 편견과 프레임으로 보고 있지는 않을까요? 그리고 그 두려움이 우리를 스스로 가해자로 만들고 있지는 않을까요?

진정으로 두려움을 극복하는 것은, 스스로에게 솔직해지는 것에서 시작합니다. 내가 가진 두려움을 직면하고, 그것이 진실인지 묻는 순간, 우리는 더 이상 두려움에 휘둘리지 않을 수 있습니다.

피해자와 가해자의 경계에서

피해자는 때로 다른 곳에서 가해자가 될 수 있습니다. 우리는 쉽게 '내가 약자다, 나는 피해자다.'라는 프레임에 갇혀 다른 누군가를 비난하고, 공격하며 스스로 가해자가 되는 것을 모릅니다.

물론 가만히 있는데 공격을 하고 약탈을 하고 내 경계를 침범해서 내 권리를 빼앗는다면 가해자, 피해자 맞습니다. 그러나 관계에 있어서는 절대적인 피해자와 가해자로 나눌 수 없습니다. 그러나 모든 이에게는 각자의 입장과 상황이 있으며, 그 이면에는 종종 우리가 보지 못하는 두려움이 숨어 있습니다.

사순이가 우리에게 남긴 숙제

사순이는 더위에 지친 몸으로, 잠시 그늘에서 쉬고 싶었을 뿐입니다. 그러나 우리는 사순이에게 그럴 기회를 주지 않았습니다.

그는 위험하지 않았지만, '위험할지도 모른다.'는 두려움 때문에 그의 생명은 너무나 쉽게 지워졌습니다.

사순이의 이야기는 우리에게 두려움의 결과가 얼마나 크고 무거운가를 깨닫게 합니다.

두려움을 넘어서, 공존으로

우리 안의 두려움을 직면하고, 타인에 대한 편견과 프레임을 내려놓는다면, 우리는 조금은 더 마음이 편할 수 있습니다.

사순이의 외로운 눈빛은 이렇게 속삭입니다.

"나는 그저 살아가고 싶었을 뿐이다. 네 두려움 속에서 내가 사라졌지만, 너의 두려움이 더 이상 다른 누군가를 해치지 않길 바란다."

두려움은 우리가 피해야 할 대상이 아니라, 직면해야 할 감정입니다. 그 두려움을 인정하고 넘어설 때, 우리는 진정으로 공존의 길을 걸을 수 있습니다.

"내 안의 두려움을 인식하고 알아차리고 나의 두려움을 인정할 때 그것이 때로는 가짜임을 또한 인식할 때 우리는 더 이상 가해자도 피해자도 되지 않는다." 이것이 사순이가 우리에게 남긴 마지막 메시지가 아닐까요?

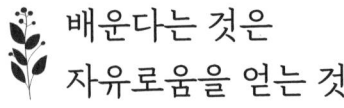
배운다는 것은 자유로움을 얻는 것

배움은 단순히 지식을 쌓는 것을 넘어, 우리 안의 무의식적인 고통과 얽매임에서 벗어나게 하는 자유의 열쇠입니다.

배움은 나를 깨우는 과정이다

배움이 주는 가장 큰 선물은 깨달음입니다. 배움을 통해 우리는 자신이 얼마나 많은 틀과 편견, 선입견 속에 갇혀 있었는지를 알게 됩니다. 그 틀은 때로 우리의 무의식에서 비롯된 것입니다. 우리는 알지 못하는 사이에 불행을 반복하며, 그 고통 속에서 익숙함을 느끼고 스스로를 속박하고 있습니다.

예를 들어,

"나는 늘 이런 상황에 처하는 것 같아."

"왜 나만 이렇게 힘들까?"

라고 느낄 때, 그 이면에는 우리가 무의식적으로 고통을 선택하고 있는 경우가 많습니다. 그 고통의 패턴은 오랜 결핍과 상처에서 비롯된 것이며, 우리가 그 사실을 자각하지 못하면 계속해서 반복됩니다.

그러나 배우고 통찰하게 되면,
"내가 왜 이런 고통을 반복하고 있는가?"
"이 고통의 근원이 어디에 있는가?"
라는 질문을 던지며, 그 틀에서 벗어날 방법을 찾게 됩니다. 배움은 깨달음의 시작이며, 깨달음은 자유로 가는 첫걸음입니다. 그러나 배운다는 것이 단순히 머리로 익히는 공부를 의미하는 것은 아닙니다. 진정한 배움이란 단순히 지식을 쌓고, 성공을 위해 경쟁하며 남보다 우월해지려는 것이 아닙니다. 그것은 삶을 배우고, 마음을 깨우치는 과정입니다.

관계 속에서 배우는 자유의 힘

사람은 누구나 관계 속에서 살아갑니다. 그리고 관계는 우리가 배우고 성장하는 가장 중요한 환경입니다.
인간의 기본적인 욕구는 쾌락 추구도 아니고 관계 추구입니다. 그것이 안 되면 관계에 대한 배고픔으로 힘들어합니다. 누군가와 연결되고, 의지하며, 사랑받고 싶은 욕구는 누구에게나 있습니다. 하지만 그 욕구가 제대로 채워지지 않으면, 우리는 관계 속에서 고통을 반복하게 됩니다.
관계의 묘미는 주고받는 균형 속에 있습니다.

- 내가 사랑받고 싶다면, 사랑을 줄 준비가 되어야 하고,
- 내가 이해받고 싶다면, 상대를 이해할 여유가 필요합니다.

그러나 배우지 못한 관계는 고통을 낳습니다. 서로의 부족함을 탓하고, 자신의 상처를 상대에게 투영하며, 결국 서로를 묶어 두는 고통의 덫에 갇히게 됩니다.

배움은 이러한 관계의 고통에서 벗어나게 합니다.

"나도 상처받았지만, 그들도 나와 같은 상처를 지니고 있다."

"내가 원하는 사랑을 받기 위해, 나는 얼마나 사랑을 줄 준비가 되어 있는가?"

이런 통찰이 우리를 관계의 갈등에서 자유롭게 합니다.

내 무의식의 패턴을 알아차리는 것

불행이 따로 존재하는 것이 아닙니다. 우리의 무의식이 불행을 좋아하고, 불행에 익숙해져 있을 뿐입니다. 어릴 적 경험한 상처와 결핍은, 우리 안에 불행하고자 하는 패턴을 만들어냅니다.

그 패턴을 알아차리지 못하면, 우리는 스스로를 고통 속에 던지게 됩니다.

- 사랑받지 못할 사람에게 집착하고,

- 결코 도달할 수 없는 목표를 추구하며 스스로를 괴롭히고,
- 나를 이해하지 못하는 사람과의 관계 속에서 좌절하게 됩니다.

배움은 이러한 무의식의 패턴을 깨닫게 합니다.
"나는 왜 이토록 불행을 반복하고 있을까?"
"이 불행의 패턴에서 벗어나기 위해 무엇을 해야 할까?"
이 질문을 통해 우리는 고통을 넘어설 힘을 얻게 됩니다.

배움은 세상의 편견에서 나를 자유롭게 한다

진리를 알면 우리를 자유롭게 한다는 말처럼, 배움은 세상의 편견과 판단에서 나를 해방시킵니다. 세상의 기준과 잣대는 우리를 끊임없이 비교하게 만들고, 그 비교 속에서 우리는 고통스럽게 자신을 깎아내립니다.
그러나 배움을 통해 우리는 알게 됩니다.

- 내 삶의 가치는 세상의 잣대로 판단할 수 없다는 것을,
- 내가 가진 고유한 의미와 아름다움이 있다는 것을.

또한, 배움은 내가 가진 편견으로 타인을 가두지 않게 합니다. 세상의 기준이 아닌, 각자가 가진 고유함을 존중하며 더 넓은 시야로 사

람을 이해하게 됩니다.

배움은 평안과 자유로 이끄는 길이다

배움은 단순히 지식을 쌓는 것이 아닙니다. 그것은 내면의 평안과 자유를 얻는 길입니다. 배움을 통해 우리는,

- 스스로를 이해하고,
- 타인을 이해하며,
- 삶의 고통에서 벗어나 더 넓은 세상을 바라볼 수 있습니다.

진리를 알 때 비로소 자유로워지듯, 배움은 우리를 고통에서 해방시키고, 더 큰 평안과 행복으로 이끌어 줍니다.

오늘 우리는 무엇을 배울 수 있을까요? 마음에 대해 배우고 인간의 깊은 심리에 대해 배워야 합니다. 머리로 배우는 지식이 아니라 무의식을 배워야 합니다. 그 배움이 우리의 삶을 더 자유롭고 평화롭게 만들어 줄 것입니다.

"배움은 고통을 넘어, 자유로 향하는 여정입니다. 그 길 위에서 우리는 진정한 나 자신을 만나게 됩니다."

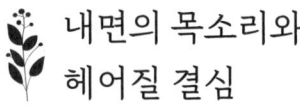
내면의 목소리와
헤어질 결심

<u>지금 그대로의 나도 사랑스럽다</u>

우리는 살아가면서 얼마나 자주 스스로를 책망하며 살아가고 있을까요? 그 책망은 어디에서 오는 걸까요? 돌아보면, 그것은 어린 시절 들었던 목소리가 내면화되어 어느 순간 내 안에서 무의식적으로 올라오는 것 같습니다.

"넌 왜 그 모양이니? 넌 왜 이렇게 끈기가 없니? 넌 끝까지 하는 게 없니? 또 그럴 줄 알았어! 느려 터져서…."

엄마, 할머니, 아버지, 선생님, 때로는 친구들… 그들의 말들이 마치 찍힌 무늬처럼 내 안에 새겨져 있습니다. 처음엔 그것이 나를 위한 사랑인 줄 알았습니다. 그 말을 따르고 인정받으면 사랑받을 수 있다고 믿었습니다.

그러나 시간이 흐르면서 깨달았습니다. 그 목소리들은 내 삶을 묶어 두는 사슬이 되었고, 그들의 말이 맞다는 것을 증명하기 위해 내가 나를 부정하고 있었다는 것을요. 이제는 이러한 내면의 목소리와 헤어질 결심을 할 때입니다.

나는 정말 그런 사람일까요? 나는 정말로 '잘못된 사람'인가요? 누군가에게 인정받기 위해 나를 비난하고, 내 안의 목소리를 따라야만 했던 나날은 이제 끝내야 합니다. 타인의 사랑이 없어도 괜찮습니다. 왜냐하면, 이제 내가 나를 사랑하기로 결심했으니까요.

"괜찮아, 정말 괜찮아. 아무도 날 사랑하지 않아도, 아무도 날 알아주지 않아도 괜찮아. 왜냐하면 내가 너를 사랑해 줄 거니까. 수고했어, 잘했어. 지금 그대로의 너도 충분히 멋지고 사랑스러워."

새로운 길을 걷기 위한 작은 시작

인간은 세포로 이루어진 존재입니다. 그리고 우리의 생각과 감정은 뇌 세포에 새로운 길을 만듭니다. 조금씩 깨닫고, 조금씩 변화하다 보면, 어느새 뇌 속에는 긍정과 사랑의 길이 새겨지고, 정신에는 맑은 공기가 채워질 것입니다.

그러나 힘이 없을 때는 어떡하느냐고요? 그럴 때는 당신을 일으켜 세워 줄 힘을 찾아야 합니다. 따뜻한 진심을 가진 사람들과 함께하며 기운을 북돋우세요. 당신을 끌어내리는 에너지를 가진 사람들로부터는 잠시 거리를 두어도 괜찮습니다. 당신을 지지해 줄 사람들과 어울리며 내 안에 맑고 순수한 공기를 들여보내세요.

이제는 당신 차례입니다. 세상 누구도 당신 대신 당신을 사랑해 줄 수 없습니다. 세상 누구도 당신 대신 당신을 보호해 줄 수 없습니다. 이제 당신 스스로 자신에게 이렇게 말해 주세요.

"나는 나를 믿어. 나는 나를 사랑해. 나는 충분히 괜찮은 사람이야. 그리고 나는 세상에 단 하나뿐인 특별한 존재야."

그 결심이 당신의 세포를 변화시키고, 당신을 새로운 삶으로 인도할 것입니다. 오늘도 수고한 당신에게 박수를 보냅니다. 잘했어요. 그리고 앞으로도 잘해 낼 거예요.

당신은 사랑받기에 충분한 사람입니다. 당신은 이미 멋진 존재입니다.

익숙하지 않은 행복보다
익숙한 불행을 선택하는 이유

"타인은 지옥이다."

장 폴 사르트르의 희곡 〈닫힌 방〉의 이 유명한 대사는 우리에게 깊은 성찰을 남깁니다. 작품 속 등장인물들은 타인의 시선과 관계를 통해 자신을 정의하려 했지만, 그 과정에서 오히려 자유를 잃고 끝없는 고통에 빠집니다. 그들은 서로를 통해 자신의 죄책감을 직면하고, 약점을 드러내며, 결국 스스로를 가두는 심리적 지옥을 만들어 냅니다. 놀라운 점은 그들에게 닫힌 방을 나갈 기회가 한 번 있었음에도 누구 하나 밖으로 나가려 하지 않았다는 것입니다. 왜 그랬을까요?

낯선 행복과 익숙한 불행

닫힌 방을 나가는 것은 곧 새로운 세상, 낯선 가능성, 그리고 불확실한 미래와 마주하는 것을 의미합니다. 하지만 그들은 그 문을 열지 못했습니다. 타인의 시선이라는 지옥이 고통스러웠지만, 그럼에도 불구하고 그 지옥은 익숙한 것이었기 때문입니다. 밖으로 나가면 무엇이 기다리고 있을지, 어떤 고통이 더 있을지 알 수 없었기에 그들은 자신이 잘 아는 불행 속에 남기로 했습니다.

우리도 마찬가지입니다. 우리는 고통스러운 삶의 패턴을 반복하면서도 그것을 벗어나지 못합니다. '지금보다 나아질 수 있다.'는 희망이 있지만, 동시에 '더 나빠지면 어떡하지?'라는 두려움도 있습니다. 이 두려움은 익숙한 불행 속에 머물게 만들고, 변화의 가능성을 차단합니다.

왜 우리는 괴로움을 선택할까?

고통스럽고 괴로운 관계를 지속하고, 해결할 방법이 분명히 있음에도 같은 문제를 반복하는 이유는 무엇일까요? 그것은 우리 내면 깊은 곳에 자리한 불확실성에 대한 두려움 때문입니다. 새로운 환경, 새로운 선택, 새로운 가능성을 받아들인다는 것은 곧 자신이 통제할 수 없는 세상으로 들어가는 것을 의미합니다. 그 길이 아무리 행복으로 이어질 가능성이 크다 해도, 사람들은 불행이 주는 익숙함을 택하곤 합니다.

우리는 오랜 시간 같은 괴로움을 경험하면서 그 괴로움에 대해 어느 정도 익숙해졌습니다. 때로는 그 익숙함이 주는 안정감에 의존하며, 그것이 '내 삶의 일부'라고 착각합니다. 하지만 익숙하다는 이유로 괴로움을 선택하는 것은 결국 스스로를 더 깊은 절망으로 몰아넣는 일입니다.

내가 지옥의 문을 열 수 있다면?

닫힌 방 속 인물들은 자유를 원하면서도 자유를 두려워했습니다. 그 문을 여는 순간, 익숙한 모든 것과 결별해야 했으니까요. 그러나 우리는 다르게 선택할 수 있습니다. 문을 열고 나가면 무엇이 기다리고 있을지 아무도 알 수 없지만, 그 문 너머는 분명 닫힌 방 속 지옥과는 다른 세계일 것입니다. 그곳이 낯설고 두렵더라도, 그곳에서는 당신이 스스로를 구원할 기회를 가질 수 있습니다.

우리는 이렇게 자문해야 합니다. "나는 지금 익숙한 불행 속에 머물며 내 삶을 살아가고 있는가? 아니면 낯선 행복을 향해 발걸음을 내디딜 용기가 있는가?"

내가 지옥 속에 있는지 돌아보기

지금 내가 타인의 시선, 관계, 혹은 익숙한 삶의 패턴에 얽매여 있는지 돌아보아야 합니다. 현재의 고통이 진정한 삶의 일부인지, 아니면 익숙함 속에서 스스로를 가두고 있는 것인지 확인해야 합니다. 괴로움이 너무 익숙하여 늘 괴로움을 선택하면서 가게 됩니다.

새로운 가능성을 받아들이기

　새로운 길은 두렵습니다. 그러나 그 길을 선택함으로써 우리는 과거의 패턴에서 벗어나 진정한 자유를 찾을 수 있습니다. 실패할 수도 있습니다. 하지만 실패는 우리가 배울 기회입니다.

　지옥은 타인일 수도, 익숙한 불행일 수도 있습니다. 그러나 그 지옥의 문은 언제든 당신의 손으로 열 수 있습니다. 낯선 행복이 두렵다고 문을 닫은 채로 살 것인지, 아니면 두려움을 딛고 나아가 새로운 삶을 마주할 것인지는 오직 당신의 선택에 달려 있습니다.

　행복은 당신이 선택해야 비로소 시작됩니다. 익숙한 불행 속에 머물며 괴로워하지 말고, 그 문을 열어 보세요. 당신이 선택한 새로운 길에서, 당신의 삶은 달라질 수 있습니다. 익숙한 고통이 아닌, 낯선 행복을 선택하세요.

남의 비밀을 담아낼 수 있는 내면의 그릇 키우기

"다른 사람의 비밀을 들으면 마음속에 담아 두기가 어려워요. 비밀을 지켜 줘야지 하다가도 꼭 누군가에게 말하고 싶어 입이 근질거려요."

비밀을 지켜 주지 않고 말할 때 관계가 깨지기도 합니다. 이런 사람은 나빠서가 아닙니다.

남의 비밀을 누설하고 싶은 이유는 무엇일까?

어린 시절, 부모가 다른 사람들의 이야기를 자주 전하거나 남의 비밀을 가벼이 여기는 모습을 보며 자랐다면, 아이는 자연스럽게 "인생은 이렇게 사는 거구나."라고 배우게 됩니다. 부모의 언행은 아이에게 무의식적인 삶의 지침이 됩니다. 그래서 남의 이야기를 전하는 것이 잘못된 것이라는 인식 자체가 부족할 수 있습니다. 또한 내가 누군가에게 내 이야기를 했을 때, 그 사람이 내 이야기를 충분히 들어 주고 공감하며 담아 주는 경험이 부족했다면, 나 역시 남의 이야기를 담는 법을 배우지 못했을 가능성이 큽니다.

담아내는 마음의 용량 부족

다른 사람의 이야기를 마음에 담아 두려면 내면의 그릇, 즉 정서적 컨테이너가 필요합니다. 그러나 이 그릇이 작거나 약하면, 남의 이야기를 온전히 품는 것이 어려워지고, 이야기가 자꾸 흘러넘쳐 다른 사람에게 전하게 됩니다. 이는 자신이 감당할 수 있는 정서적 용량이 부족하다는 신호일 수 있습니다.

우리는 다른 사람에게 담김으로써 타인의 이야기를 담을 수 있는 그릇을 키웁니다. 그러나 이런 경험이 부족하다면, 남의 이야기를 온전히 품는 것이 어려워질 수 있습니다. 다른 사람의 비밀을 들으면, 그 내용이 내 마음에 큰 자극이 될 수 있습니다. 그 자극을 해소하기 위해 누군가에게 털어놓고 싶은 충동이 생기고, 이 과정에서 비밀을 누설하게 되는 것입니다.

남의 비밀을 누설하는 행동은 인간관계에서 신뢰를 깨뜨리고 갈등을 일으킬 수 있습니다. 내가 들은 이야기를 다른 사람에게 전하는 순간, 이야기를 한 사람은 배신감을 느낄 수 있습니다.

"내 이야기를 다른 사람들에게 퍼뜨리는 사람이구나."라는 낙인이 찍히면, 주변 사람들은 나를 신뢰하지 않게 됩니다.

이런 행동은 관계를 유지하고 깊어지게 하는 데 큰 장애물이 될 수 있습니다.

그릇 키우기: 담아 주는 경험의 중요성

남의 이야기를 담기 위해서는 먼저 내가 다른 사람에게 담김을 경험해야 합니다. 상담가나 신뢰할 수 있는 사람에게, 내가 하고 싶은 이야기를 털어놓고 충분히 내 이야기가 상대의 그릇에 담기는 경험을 해야 합니다. 내 안의 뭉친 이야기를 덜어 내어야 남의 이야기를 들을 수 있는 공간이 생깁니다.

'내 이야기를 담아 주는 사람이 있다.'는 경험은 내 안의 정서적 용량을 키우고, 다른 사람의 이야기를 품는 능력을 확장시킵니다. 다른 사람의 비밀을 지킨다는 것은 그 사람과의 신뢰를 지키는 행위입니다.

"내가 이 이야기를 전하면, 그 사람과의 관계는 어떻게 될까?" 비밀을 지키는 것이 관계의 가치를 높이는 일임을 스스로 인식하세요.

전달할 말과 담을 말을 구분하기

"이 이야기는 정말로 내가 전해야 할 말인가?"

"이 말을 전하지 않는 것이 나와 상대방 모두에게 더 좋은 결과를 가져다줄까?" 자신에게 이러한 질문을 던지며, 이야기를 전할 필요성을 스스로 점검해야 합니다. 남의 이야기를 담아내지 못하는 사람은, 그 자신이 누군가에게 담겨 본 경험이 부족한 경우가 많습니다.

"내가 힘들 때 누군가가 내 얘기를 들어 주었는가?"

"내가 하는 말을 충분히 공감해 주는 사람이 있었는가?"

이 질문에 "아니오."라고 답한다면, 지금부터라도 그런 경험을 찾아야 합니다. 상담이나 신뢰할 만한 관계 속에서 스스로를 충분히 담김으로써, 내면의 그릇을 키워 나가세요.

비밀을 지키는 것은 단순히 말을 하지 않는 것이 아닙니다. 그것은 상대방의 신뢰를 존중하고, 우리 관계를 보호하는 중요한 행위입니다.

"내가 남의 이야기를 품어 줄 수 있는 그릇을 가진 사람일 때, 세상도 내 이야기를 품어 줄 것입니다."

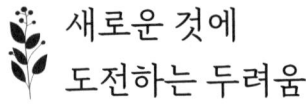
새로운 것에 도전하는 두려움

 새로운 것에 도전하는 두려움은 누구나 느낄 수 있는 보편적인 감정입니다. 이 두려움은 때때로 세상 속에서 나 혼자 남겨진 것 같은 고립감과 연결되며, 어린 시절 자율성이 제한된 경험과도 관련이 깊습니다. 자율성이란 스스로 선택하고 시도할 수 있는 자유와 이를 뒷받침하는 환경을 의미합니다. 자율성을 발휘하며 성장한 사람은 다양한 시도를 통해 호기심과 도전 의식을 키우지만, 자율성이 억압된 환경에서는 새로운 것을 접하는 과정 자체가 낯설고 두렵게 느껴질 수 있습니다.
 새로운 것을 두려워한다는 감정은 자연스러울 수 있지만, 이는 종종 '낯섦'에 대한 두려움이 '실패에 대한 두려움'으로 변질된 경우가 많습니다.
 새로운 것은 낯설고 익숙하지 않은 것이지, 두려운 것은 아닙니다. 새로운 것이 무서운 것은 아닙니다.
 "내가 잘할 수 있을까?"라는 질문은 자기 확신의 부족을 드러내며, 이는 나를 지지해 줄 사람이 없다는 불안감으로 이어질 수 있습니다. 어린 시절 자율성이 억압된 경험은 이러한 불안을 더욱 강화시키는 원인이 됩니다.
 자율성이 제한된 환경에서는 시도할 기회 자체가 줄어듭니다. "위험하다."거나 "그렇게 하면 안 된다."는 말들로 인해 새로운 경험이 차단되고, 자연스럽게 성장할 기회도 잃게 됩니다. 결국, 도전에 대한 두려움은 낯섦에 익숙해질 기회를 빼앗긴 결과로 나타납니다. 이러한 상황은 새로운 시도를 할 때 자신감을 부족하게 만들고, 실패에 대한 불안감을 크게 증가시킵니다.

두려움은 때로 자신을 보호하려는 본능적인 방어기제로 작용하지만, 지나치게 두려움에 사로잡히면 삶의 성장을 제한하는 족쇄가 되기도 합니다. 새로운 것에 도전한다는 것은 낯설고 익숙하지 않은 세계에 자신을 내맡기는 것이지, 두려움을 감당하지 못하는 것이 아닙니다. 만약 새로운 것을 두려워한다면, 이는 결국 "내가 잘할 수 있을까?"라는 확신의 부족에서 비롯됩니다. 이와 동시에 '혼자서 모든 것을 감당해야 한다.'는 심리적 부담감도 두려움을 키우는 요소로 작용합니다.

두려움은 세상에 아무도 없고 나 혼자 해야 하고, 나 혼자 하는 것이 두렵다는 것입니다. 그렇기에 세상에 대한 믿음과 신뢰는 이러한 두려움을 극복하는 데 핵심적인 역할을 합니다. 혼자라는 느낌은 마치 나를 도와줄 사람이나 의지할 곳이 전혀 없는 것처럼 느끼게 하지만, 실제로는 그렇지 않습니다. 우리 주변에는 도움을 줄 수 있는 사람들, 안심하고 머무를 수 있는 공간, 그리고 실패를 포용할 수 있는 환경이 존재합니다. 이를 깨닫는 것이 도전의 두려움을 줄이고, 새로운 시도를 가능하게 만드는 첫걸음이 됩니다.

두려움을 이겨 내기 위해서는 작은 성공 경험을 쌓는 것이 중요합니다. 처음부터 큰 도전을 하기보다는, 조금의 용기로도 해낼 수 있는 일부터 하나씩 시도해 보는 것이 좋습니다. 실패하더라도 그것은 끝이 아니라 또 다른 배움의 기회임을 기억하세요. 또한, 믿을 수 있는 사람들과 함께하며 세상을 신뢰하는 태도를 기른다면 새로운 것에 대한 두려움은 점차 설렘과 기대감으로 바뀔 것입니다.

결국, 새로운 것에 대한 두려움은 우리의 내면에서 시작됩니다. 따라서 두려움을 극복하려면 자기 자신에 대한 신뢰를 되찾는 것이 중요합니다. 작은 도전으로 시작하여 이를 점차 확장해가세요. 세상은 도전하는 사람을 지지하며, 그 과정에서 우리는 성장합니다. 두려움을 넘어서면, 당신은 더 강하고 자신감 있는 모습으로 새로운 자신을 발견할 것입니다.

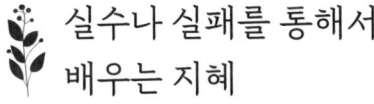
실수나 실패를 통해서 배우는 지혜

우리는 인생에서 실수나 실패를 하지 않으려고 부단히 애쓰며 살아갑니다. 실수는 큰일처럼 느껴지고, 실패는 인생 전체가 잘못된 것처럼 낙담하게 만듭니다. 어떤 이는 자신이 인생에서 실패했다고 단정 짓기도 합니다. '실패공포증'이라는 말이 있습니다. 실패에 대한 과도한 두려움을 말합니다. 그러나 사실 실패 자체에 대한 두려움보다는 실패 이후에 따를 평가와 사회적 시선에 두려움이 더 클 것입니다.

하지만 에디슨의 유명한 말처럼, 실패는 배움의 과정일 뿐입니다. "나는 실패한 것이 아니다. 잘되지 않는 1만 가지 방법을 발견했을 뿐이다."

백열등의 핵심 재료를 찾기 위해 에디슨은 13개월 동안 6,000가지가 넘는 재료로 실험과 실패를 반복했습니다. 그는 끊임없는 시행착오 속에서도 새로운 방법을 찾아냈고, 마침내 탄화 대나무 섬유라는 해답을 발견했습니다. 이처럼 실패는 끝이 아니라, 더 나은 결과를 향해 가는 과정입니다.

특히 젊은 사람들에게는 아직 살아갈 날들이 많이 남아 있습니다. 우리는 죽는 날까지 배움의 여정을 계속합니다. 실수하거나 실패했다고 생각될 때, 중요한 질문은 하나입니다.

"나는 이번 일을 통해 무엇을 배웠는가? 나는 여기서 어떤 지혜를 얻었는가?"

우리에게 실수나 실패는 단순한 좌절이 아니라 배움의 기회가 되어야 합니다. 진정한 실패는 우리가 거기서 아무것도 배우지 못하고 좌절만 남았을 때입니다. 반대로, 실수와 실패를 통해 지혜를 얻는다면 그것은 결코 실패가 아닙니다. 삶은 경험의 연속이며, 그 경험을 통해 배우는 지혜야말로 인생의 선물입니다. 인생에는 경험이 있고 그 경험을 통해 배우는 것은 지혜입니다.

혹시 실수했다고 느껴질 때는, 마치 잘못 쓴 글자를 수정펜으로 지우고 다시 쓰듯 고쳐 나가면 됩니다. 과거에 '이렇게 했어야 했다.'고 후회가 든다면, 지금 이 자리에서 시작하면 됩니다. 과거는 돌이킬 수 없지만, 현재는 언제든 새롭게 시작할 기회를 제공합니다.

실수를 두려워하지 마세요. 실패를 피하려고 애쓰지 마세요. 우리는 실수를 통해 배우고, 실패를 통해 성장합니다. 그리고 오늘도 배움의 여정은 계속됩니다.

이제 다시 시작하면 됩니다.

지금 이 순간, 바로 여기에서.

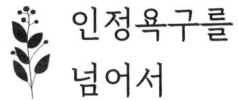 인정욕구를
넘어서

모든 사람은 인정받고 싶어 합니다. 인정욕구는 우리 안에 자연스레 자리 잡은 본능과도 같습니다. 그러나 그 욕구가 지나치게 커지면, 우리는 스스로의 가치를 외부의 시선에만 맡기게 됩니다. 누군가의 칭찬에 들뜨고, 사소한 부정적인 피드백에 무너지는 일이 반복되며, 결국 자신을 잃어버리고 됩니다.

"나는 누구인가?"

이 물음은 우리 삶의 중심에 있습니다. 내가 누구인지 모른다면, 타인의 평가와 반응에 따라 흔들릴 수밖에 없습니다.

"나는 누구인가?"라는 질문에 스스로 답할 수 있는 것이 자기정체성입니다.

자기정체성은 "나는 이런 사람이다. 나는 이런 것을 잘하고, 이런 점이 부족하지만, 나만의 가치를 지닌 사람이다."라고 자신을 정의할 수 있는 능력이죠.

정체성은 직업정체성, 성정체성 등 다양한 영역에서 드러납니다. 내가 맡은 직업적 역할을 충실히 수행하며 그 안에서 보람을 느끼는 것. 예를 들어, 교사라면 학생이 어떤 환경에서 왔든, 어떤 능력을 가졌든 공정하게 가르치며 자신의 사명을 다하는 모습이 직업 정체성의

실현이라 할 수 있습니다. 또한 내가 어떤 성격과 성향을 가졌는지, 어떤 상황에서 행복하고 화가 나는지를 알고 그것을 인정하는 것은 개인적 자기 정체성이라고 볼 수 있습니다.

이렇게 자기 스스로에 대한 이해가 없다면, 우리는 타인의 시선에 휘둘리게 됩니다.

인정욕구가 큰 사람들은 종종 자신보다 타인의 반응에 기준을 둡니다.

"저 사람은 나를 어떻게 생각할까?"

"혹시 내가 잘못해서 나쁜 이미지를 남긴 건 아닐까?"

이러한 생각에 사로잡히면, 자신의 감정과 약점을 숨기고 완벽해 보이려고 애쓰게 됩니다. 하지만, 타인의 반응에만 의존하는 삶은 매우 불안정합니다. 칭찬을 받아도 진정한 기쁨을 느끼지 못하고, 부정적인 피드백에 쉽게 무너지는 악순환이 반복됩니다.

타인의 칭찬을 받아들이지 못하는 것은 사실 내가 나를 인정하지 못하기 때문입니다.

"너 참 잘했어."라는 칭찬에 "아니야, 별로야."라고 답하는 것은 스스로를 부정하는 태도입니다. 이런 마음가짐으로는 진정한 자존감을 쌓을 수 없습니다.

스스로를 인정하는 것은 타인의 인정욕구에서 벗어나는 첫걸음입니다. 지금 이 순간, 내 삶을 돌아보며 생각해 보세요.

- 오늘까지 살아왔다는 것만으로도 당신은 이미 수많은 어려움을

이겨 낸 사람입니다.
- 학업을 마쳤고, 직업을 구했으며, 지금 이 자리까지 달려왔습니다.
- 실수하고 실패한 날도 있었겠지만, 그 모든 순간을 견뎌 내며 배움을 얻었습니다.

자신을 바라보는 따뜻한 시선이 필요합니다. 타인의 시선에 흔들리지 않고 "나는 괜찮은 사람이다."라고 말해 줄 수 있어야 합니다. 나의 장점과 단점을 인정하며, 스스로를 소중히 여기는 태도를 가질 때 우리는 타인의 시선과 평가에서 진정한 자유를 느낄 수 있습니다.

타인의 평가가 아니라 나의 내면을 기준으로 삼으세요. 내가 나를 사랑할 때, 우리는 더 단단해지고 흔들리지 않습니다. 칭찬을 받으면 "고맙다."라고 받아들이고, 부정적인 피드백은 '더 나아질 기회'라고 생각하세요. 중요한 것은 타인의 말이 아니라, 내가 나를 믿는 힘입니다. 내가 나를 인정하지 않는데 누구에게 진정으로 인정을 받을 수 있을까요? 혹여나 타인이 인정해 주어도 잠시 좋을 뿐 내 것이 될 수 없습니다. 내가 나를 인정하지 않고 계속 밖에서 인정을 추구하게 되면 그것은 채워지지 않는 갈증으로 남을 것입니다.

오늘부터 자신을 인정하세요. 당신은 이미 많은 것을 해내며 살아온 멋진 사람입니다. 그리고 앞으로도 그렇게 해낼 수 있을 것입니다.

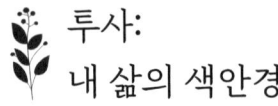
투사: 내 삶의 색안경

"돼지 눈에는 돼지만 보이고, 부처 눈에는 부처만 보인다."라는 말이 있습니다. 우리가 세상을 있는 그대로 보는 것이 아니라, 각자의 틀과 편견, 즉 자신만의 색안경을 통해 해석한다는 의미입니다. 같은 하늘에서 비가 내려도 어떤 이는 우울하다고 느끼고, 어떤 이는 낭만적이라 여깁니다. 가을이 어떤 사람에게는 풍요와 아름다움의 계절이지만, 누군가에게는 쓸쓸함과 외로움의 시간일 수도 있습니다. 결국, 세상을 바라보는 우리의 시선은 그저 우리 마음의 투영일 뿐입니다.

투사의 시작: 내면에서 바깥으로

심리학자 월프레드 비온은 우리가 감당하기 어려운 감정과 생각을 '베타 요소'라고 불렀습니다. 이러한 베타 요소들은 우리 스스로 처리할 수 없기 때문에 무의식적으로 외부로 내보내려는 시도를 합니다. 갓난아기가 불쾌한 감정을 스스로 처리할 수 없기에 울음으로 표현하고 어머니에게 투사하는 것도 그 예입니다.

충분히 좋은 어머니는 아기의 감정을 받아들이고, 이를 다듬어 다시 안정된 형태로 돌려줍니다. 이 과정은 아기의 정서적 성장에 중요한 역할을 하며, 세상에 대한 신뢰를 쌓아 갑니다. 하지만 충분히 수용받지 못한 사람은 자라면서도 자신의 감정을 어떻게 처리하는지 모르고 감당하지도 못하고, 타인의 탓으로 돌리게 됩니다. 결국, 세상을 있는 그대로 보지 못하고 좁은 시야로 왜곡하게 됩니다. 그러나 문제는, 자신의 시야가 얼마나 왜곡되어 있는지를 스스로 알기 어렵다는 데 있습니다.

투사란 무엇인가?

투사는 자신의 감정과 생각, 특히 부정적이고 감당하기 어려운 것들을 타인에게 던져 그것이 마치 상대방의 것인 양 느끼는 심리적 작용입니다. 이는 무의식적으로 이루어지며, 내면의 표상이 외부 대상에 덧씌워지는 과정입니다.

예를 들어, 누군가가 지나치게 훌륭해 보이는 것은 내 안의 긍정적인 모습을 그 사람에게 투사했기 때문일 수 있습니다. 반대로, 누군가를 지나치게 싫어하거나 불편하게 느낀다면, 그것은 내 안의 부정적 감정이 투사된 결과일 가능성이 큽니다. 즉, 내가 너무 좋아하는 것도, 너무 싫어하는 것도 결국 내 안에 존재하는 내 모습이라는 것입니다.

자신이 어떤 사람인지 알고 싶다면, 자신이 가장 좋아하는 사람과 가장 싫어하는 사람을 돌아보면 됩니다. 좋아하는 사람은 내 안의 긍정적인 부분을 비추는 거울이고, 싫어하는 사람은 내가 인정하고 싶지 않아 무의식에 억눌러 둔 나의 일부일 수 있습니다.

세상을 바라보는 우리의 색안경

이렇듯 우리는 사회 현상, 인간관계, 사건들을 있는 그대로 보기보다 자신의 경험과 감정을 투영하여 해석합니다. 중요한 것은 사실 자체가 아니라, '우리가 그 사실을 어떻게 바라보는가'입니다. 우리의 시선에는 이미 색안경이 씌워져 있으며, 그 색안경은 우리의 내면을 반영합니다.

투사를 완전히 멈추고 사는 것은 어렵습니다. 하지만 우리가 투사하고 있다는 사실을 인식하는 순간, 세상을 조금 더 있는 그대로 바라볼 수 있는 힘을 얻게 됩니다. 누군가를 미워할 때, 혹은 너무 좋아할 때, 그것이 그 사람의 문제인지, 아니면 내 안의 어떤 이미지가 투영된 것인지 성찰해 볼 필요가 있습니다.

투사는 때때로 현실을 왜곡하여 우리가 원하는 대로 세상을 만들어 가게 합니다. 이를 '투사적 동일시'라고 합니다. 예를 들어, '저 사람은 나를 좋아하지 않아.'라고 생각한다면, 나를 좋아하지 않는 그 사람을 대하는 나의 태도도 자연스레 차가워지고 거리감이 생깁니다. 결국, 그 사람도 이에 반응하며 나를 멀리하게 됩니다. 처음부터 그 사람이 나를 싫어한 것이 아니라, 나의 투사가 그 관계를 그렇게 만든 것입니다.

투사는 우리가 세상을 왜곡하여 보게 만드는 색안경이자, 동시에 우리 자신을 비추는 거울입니다. 우리의 내면을 깊이 들여다볼 실마리가 되기도 합니다. 투사를 인식하고 그것을 성찰의 도구로 삼는다면, 우리는 세상을 보다 온전하게 이해하고, 나아가 자신의 무의식과 조화롭게 공존할 수 있을 것입니다.

세상은 좋고 나쁨이 없이 그 자체로 완전합니다. 해석은 우리의 몫일 뿐입니다. 당신은 어떤 색안경을 쓰고 세상을 바라보고 있나요? 때로는 색안경을 벗고 세상을 있는 그대로 바라보는 연습을 해 보세요. 그곳에서 비로소 진짜 세상과 진짜 자신을 만날 수 있을 것입니다.

수치심: 부끄러움을 넘어 성장으로

"넌 부끄러운 줄도 모르냐? 한심하다, 한심해." 이런 말을 들을 때, 마음속 깊이 부끄러움을 느낄 때가 있습니다. 심리학에서는 이를 수치심이라는 정서적 용어로 표현합니다. 수치심은 스스로를 부끄럽게 여기는 마음으로, 자신이 부족하고 결핍되었다는 생각에서 비롯됩니다. 이것은 자신을 위축시키고 작아지게 만드는 고통스러운 감정입니다. 심지어 아무도 자신을 보고 있지 않더라도, 형편없는 자신의 모습을 사람들이 알게 될 것 같은 불안감에 사회적 위축과 회피로 이어지기도 합니다.

수치심의 시작: 어린 시절의 경험

심리학자 에릭 에릭슨(Erik Erikson)은 심리사회적 발달이론에서 생후 1세에서 3세 사이에 자율성 대 수치심이 발달한다고 보았습니다. 이 시기의 유아는 걷고, 뛰며, 사물을 탐색하며 스스로 행동하는 능력을 키워 갑니다. 그러나 이런 자율성이 부모나 어른들의 지나친 억압이나 비난으로 인해 좌절될 경우, 아이들은 수치심을 갖게 됩니다.

"잘못했으면 부끄러운 줄 알아야지!"라는 부모의 훈육 방식은 아이가 자신의 행동을 반성하기보다는 자신의 존재 자체를 부끄럽게 여기게 만들 수 있습니다. 이는 아이가 자기 가치를 낮게 평가하게 하고, 자신에 대한 부정적 인식과 비관적인 자기 개념을 형성하게 만듭니다.

행동에 대한 수치심과 존재에 대한 수치심은 분명히 다릅니다. 그러나 강렬하고 반복적인 수치심은 행동을 넘어 존재 자체를 부정하는 경험으로 이어질 수 있습니다. 자신을 가치 없고 한심한 존재로 인식하게 되면, 그에 맞는 행동을 하게 되는 악순환이 생깁니다. "그래, 나는 쓸모없어. 그래서 이렇게 살아도 상관없어."라는 태도는 삶의 방향성을 잃게 만듭니다.

수치심의 반대는 자기존중입니다. 자존감은 '내가 특별하거나 우월해서가 아니라, 내가 부족한 점도 있지만 괜찮은 존재'라는 통합적 자기 인식입니다. 자신을 있는 그대로 받아들이고 존중할 때, 타인에 대한 존중도 자연스럽게 이루어집니다.

미국 소설가 너새니얼 호손의 《주홍글씨》는 이러한 수치심과 존엄에 대해 깊이 생각하게 합니다. 간통의 낙인을 평생 짊어진 주인공은 온갖 조롱과 모멸 속에서도 자신의 삶을 살아갑니다. 그는 수치스러움 속에서 자신을 완전히 잃지 않고 묵묵히 자신의 길을 걸어갑니다. 이는 그 자체로 위대함입니다.

수치심을 마주하는 용기

　삶에서 우리는 수치심과 부끄러움을 느낄 때가 많습니다. 그럴 때 그 감정을 피하기보다 충분히 인정하고 받아들이는 것이 중요합니다. 자신이 잘못한 부분을 분명히 인식하고 앞으로 나아가면, 그 경험은 마음의 그릇을 키우는 기회가 될 것입니다.
　수치심은 무섭고 두려울 수 있지만, 그것을 회피할수록 더 큰 수치스러운 상황에 직면할 가능성이 높습니다. 오히려 그 아픔을 통해 자신을 성찰하고, 수치심을 느끼고 수치스러운 나도 '나'라고 인정하면서 그 수치심을 피하지 않고 느낄 때 오히려 존귀하게 될 것입니다.
　수치심은 우리를 너무 부끄럽게 만들지만, 그것을 인정하고 받아들이고 수치당한 아픈 마음을 충분히 느끼고, 아픈 나를 인정하고 수용할 때 삶은 더 편안해질 수 있습니다. 아픈 내 마음도 거부하지 말고, 수치스러운 나도 거부하지 말고 미워하는 나도 거부하지 말고 그 마음을 인정해 주고 그 마음이 나라고 인정한다면 힘들어진 내 인생이 조금은 편안해질 것입니다.

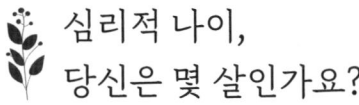 심리적 나이,
당신은 몇 살인가요?

"저는 남편이 무섭고 어려워요."

"남편은 애들처럼 퇴근만 하면 게임만 해요."

폭력을 행사하지 않음에도 불구하고 배우자나 타인을 두려워하고 불안해하는 사람들이 있습니다. 또 어떤 사람들은 현재 나이에서 해야 할 일들이 있음에도 사춘기 아이들처럼 행동하는 사람도 있습니다. 신체 나이는 30대, 40대일지라도 심리적 성숙도의 나이가 유아기에 머물러 있다면, 우리는 삶의 도전에 당당히 맞서지 못하고 불안과 의존 속에서 살아갈 수밖에 없습니다.

심리적 성장의 필요성

우리의 삶은 단순히 신체적 성장에만 국한되지 않습니다. 에릭 에릭슨의 심리사회적 발달 이론에 따르면, 인간은 생애 전반에 걸쳐 심리사회적으로 성숙해야 합니다. 신체적으로 걸음마를 배우고 뛰어다니듯, 우리의 마음도 단계적으로 성장하며 성숙해 가야 합니다. 그러나 성장의 과정에서 정서적 영양분을 충분히 받지 못하면, 몸은 어른이 되어도 마음은 여전히 아이에 머물러 있을 수 있습니다.

심리사회적 발달의 8단계

에릭슨은 인생을 8단계로 나누고, 각 단계에서 해결해야 할 심리적 과제를 제시했습니다.

0~1세는 신뢰 대 불신의 단계로 양육자로부터 일관된 사랑과 돌봄을 받으면 세상에 대한 신뢰감을 형성하고, 돌봄이 부족하면 세상에 대한 불신이 생깁니다.

1~3세는 자율성 대 수치심 단계로 스스로 하는 경험을 통해 자율성을 배웁니다. 그러나 자율성을 인정받지 못하고 과도한 통제나 비난을 받으면 수치심과 의심이 생길 수 있습니다.

3~6세는 주도성 대 죄책감 단계로 놀이와 활동을 통해 새로운 것을 시도하며 주도성을 키웁니다. 하지만 실패나 비난을 받으면 죄책감을 느낍니다.

6~12세는 학령기입니다. 이때는 근면성 대 열등감 단계입니다. 학업과 사회적 기술을 배우며 성취감을 느낍니다. 그러나 지속적으로 실패하거나 인정받지 못하면 열등감을 경험합니다.

12~18세 청소년기는 정체성 대 역할혼란 단계로 자신이 누구인지 탐색하고 정체성을 확립합니다. 정체성을 찾지 못하면 혼란을 겪습니다.

18~40세는 자아정체성 대 자신감 단계입니다. 다른 사람과 친밀한

관계를 형성합니다. 실패하면 고립감과 외로움을 느낄 수 있습니다.

40~65세는 중년기로 생산성 대 침체 단계입니다. 다음 세대를 위한 기여(가족, 일, 사회)를 통해 생산성을 느낍니다. 그렇지 않으면 침체감과 무의미함을 경험할 수 있습니다.

65세 이상은 노년기로 자아통합 대 절망의 단계입니다. 자신의 삶을 돌아보며 만족감을 느낍니다. 후회와 미해결된 갈등이 있으면 절망감이 생깁니다. 이렇게 인간은 나이가 들어가면서 함께 심리도 성숙해가야 합니다.

그런데 신체적으로는 나이가 들어가는데도 심리적으로 성숙하지 못하고 미성숙한 채 남아 있는 사람도 있습니다. 이 단계들은 나이에 따라 자동으로 해결되지 않습니다. 각 단계에서 성장하지 못하면 우리의 심리적 나이는 고착됩니다.

심리적 미성숙은 우리 삶 곳곳에서 모습을 드러냅니다.

- 자신의 감정과 문제를 스스로 해결하지 못하고 배우자나 자녀에게 의존하려는 태도
- 세상을 자신감 있게 살아가지 못하고 누군가 대신 해결해 주기를 바라는 마음
- 끊임없이 네 편, 내 편을 나누고, 통합적으로 세상을 보지 못하는 분열적 사고
- 온통 세상이 무섭고 불안해서 두려움에 떠는 약자의 마음
- 현재 해야 할 일이 있는데도 놀고 싶은 마음

이 모든 것들은 마음이 충분히 성장하지 못한 결과입니다. 성장하지 못한 마음은 누군가의 따뜻한 정서적 돌봄과 공감을 받지 못했을 가능성이 큽니다. 어린 시절 부모의 과도한 간섭이나 방치 속에서 자율성을 박탈당한 사람들은 성인이 되어서도 불안하고 초조하며, 작은 일에도 의지할 대상을 찾으려 합니다.

스스로 이끌어 가는 삶

심리적 성숙은 사랑과 정서적 지원에서 시작됩니다. 그러나 이미 어른이 된 우리는 스스로를 돌보는 힘, 자기 자비(self-compassion)를 배워야 합니다. 자신을 있는 그대로 받아들이고, 과거의 상처를 치유하며, 주도적으로 자신의 삶을 이끌어 가려는 노력이 필요합니다.

내가 원하는 것은 무엇인지, 내가 해결해야 할 문제는 무엇인지 스스로에게 질문해 보세요. 부모나 배우자, 자녀에게 의존하는 삶이 아닌, 나만의 삶을 만들어 가야 합니다. 심리적 나이를 성숙시키는 것은 단순히 나 자신만을 위한 일이 아닙니다. 성숙한 마음은 세상을 통합적으로 바라볼 눈을 열어 주고, 더 나아가 주변 사람들에게 긍정적인 영향을 미칩니다.

이제 스스로에게 물어보세요.

"나는 심리적으로 몇 살에 머물러 있을까?"

나의 미성숙한 부분을 발견했다면 그것은 결코 부끄러운 일이 아닙니다. 그것은 성장의 기회를 의미합니다. 상담가의 도움을 받거나, 스스로에게 따뜻한 위로를 건네는 것으로 시작해 보세요. 나의 마음을 어루만지고, 한 걸음씩 성장의 길로 나아갈 때, 우리는 비로소 인생을 더욱 충만하게 살아갈 수 있습니다.

당신의 마음은 지금도 자랄 준비가 되어 있습니다.

# 마음의 여유

요즘 우리는 '노키즈존', '노실버존' 같은 공간들을 자주 접하게 됩니다. 이는 단순히 특정 연령층을 배제하려는 의도가 아니라, 더 조용하고 쾌적한 환경을 원하는 사람들의 요구에 의해 생겨났습니다. 가게 주인 입장에서 보면, 아이들이 가게에서 뛰어다니거나 소란을 피우는 경우 다른 손님들에게 불편을 줄 수 있습니다. 이는 결국 고객 만족도 저하로 이어지고, 매출에도 영향을 미칠 수 있습니다. 그래서 아예 아이 손님을 받지 않는 정책을 도입하는 것이 장기적으로 더 낫다고 판단하는 경우도 있는 것입니다.

이러한 결정은 이해할 수 있지만, 한편으로는 우리 사회가 점점 마음의 여유를 잃어가는 것이 아닌가 하는 생각이 듭니다. '내 돈 내고 내가 왜 저 아이들의 시끄러움을 감당해야 하지?' 생각합니다. 요즘은 사는 것이 너무 바쁘고 힘들어, 차 한잔 마시며 쉬러 온 자리에서마저 시끄러운 아이들을 봐주기가 쉽지 않은 것이 현실입니다. 물론 아이들에게 공공장소에서의 예의를 가르치는 것은 중요합니다. 그러나 마음의 여유가 있다면, 때로는 아이들의 소란스러운 행동도 너그럽게 바라볼 수 있지 않을까요? 우리도 모두 한때 아이였고, 어른들로부터 배움과 인내를 통해 성장했습니다.

노키즈존 문제뿐만 아니라, 현대 사회는 서로를 배려하기보다는 작은 피해에도 즉각적으로 대응하며 고소와 고발이 난무하는 시대가 되었습니다. 내 권리가 침해당했을 때 이를 지키려는 것은 당연한 일이지만, 사소한 갈등에서도 상대방을 이해하려는 노력이 부족해 보입니다. 나빠서가 아니라 마음의 여유가 부족한 탓에, 우리는 작은 문제에도 쉽게 화를 내고 서로를 불편하게 만듭니다. 다들 너무나 힘들게 살아왔기 때문입니다. 내 마음대로 내가 하고 싶은 것을 하고 살지 않았기에 누군가 맘대로 울고 떠드는 것을 봐줄 여유가 없습니다.

마음의 여유가 없다는 것은 내면에 풀리지 않은 감정들이 쌓여 있다는 것을 의미합니다. 이는 자신에게도 큰 부담이 될 뿐 아니라 주변 사람들에게도 부정적인 영향을 미칩니다. 누군가를 이해하고 받아들이려면 먼저 내 마음에 여유가 있어야 합니다. 마음의 여유를 찾으려면 어떻게 해야 할까요?

우리는 컴퓨터의 휴지통을 비우듯, 내 마음속에 쌓여 있는 불필요한 감정들을 정리할 필요가 있습니다. 과거의 상처, 해결되지 않은 갈등, 내가 반드시 하지 않아도 되는 일들에 대한 부담감을 비워 내는 것이 중요합니다. 비워야 공간이 생깁니다. 그렇게 마음의 공간을 만들어야 비로소 나 자신도 편안해지고, 주변 사람들을 조금 더 너그럽게 대할 수 있게 됩니다.

마음의 여유는 하루아침에 생기지 않습니다. 작은 습관의 변화를 통해 조금씩 쌓아 가는 것이 중요합니다. 하루에 몇 분이라도 자신을 돌아보며 깊게 호흡하는 시간, 불필요한 걱정과 감정을 내려놓는 연습이 도움이 됩니다. 또한, 타인에게 작은 배려를 실천하며 그로 인해 느끼는 따뜻함이 마음의 여유를 키우는 데 큰 역할을 합니다.

우리가 서로를 조금 더 이해하고 받아들일 수 있다면, 아이들이 뛰노는 모습을 보며 미소 지을 수 있다면, 이 세상은 조금 더 따뜻해지지 않을까요? 마음의 여유는 결국 나 자신을 위한 것이기도 하지만, 내 주변 사람들과 함께 더 나은 세상을 만들어 가는 첫걸음이기도 합니다.

4장

자연에서
삶의 의미 배우기

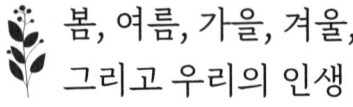# 봄, 여름, 가을, 겨울, 그리고 우리의 인생

긴 겨울이 지나면 따뜻한 봄이 찾아옵니다. 자연의 이치가 그러하듯, 우리의 삶도 봄, 여름, 가을, 겨울이라는 사계절로 이루어져 있습니다. 하루도 마찬가지입니다. 아침은 하루의 봄, 새로운 시작의 설렘이 깃든 시간입니다. 정오의 태양 아래 활기가 넘치는 시간은 여름이고, 저녁이 되면 가을의 고요함이 찾아옵니다. 그리고 깊은 밤은 하루의 겨울로서 마무리와 쉼을 선사합니다. 우리의 인생도 마찬가지입니다. 태어나고 성장하며 성숙하고 마무리되는 흐름 속에서 우리는 각자의 계절을 살아갑니다.

우리는 모든 것을 다 가질 수 없다

우리의 삶은 모든 것을 다 가질 수 없도록 설계되었습니다. 하늘은 누구에게도 모든 것을 다 주지 않지만, 동시에 아무것도 주지 않는 사람도 없습니다. 마치 각 나라가 저마다의 강점과 약점을 가진 것처럼, 한 사람의 인생도 그러합니다. 어떤 나라는 인구가 많고, 어떤 나라는 풍부한 천연자원을 가지고 있습니다. 반면, 우리나라는 천연자원이 풍부하지 않지만, 지혜로운 사람들이 많습니다.

우리의 삶도 마찬가지입니다. 누구는 재산이 많고, 누구는 건강하며, 또 누구는 화목한 가정을 이루며 살아갑니다. 하지만 누구도 모든 것을 다 가질 수는 없습니다. 그래서 내가 가진 것으로 남을 도울 수 있고, 내가 가지지 못한 것으로 인해 다른 사람에도 도움도 받고 사랑을 받을 수 있습니다. 내가 가진 강점은 남을 도우라고 있고, 내가 가진 약점은 사랑을 받으라고 있는 것입니다.

삶의 계절을 받아들이는 지혜

삶은 사계절을 받아들이는 데서 시작됩니다. 봄은 시작의 계절입니다. 이때 우리는 씨앗을 뿌리고 희망을 품습니다. 여름은 뜨거운 열정과 분주함의 시간입니다. 땀 흘려 일한 여름 뒤에는 가을이 찾아옵니다. 가을은 결실의 계절입니다. 우리가 흘린 땀이 결실로 맺어질 때, 그 열매를 감사하며 겸손히 누릴 수 있어야 합니다.

그러나 인생의 계절 중 가장 힘든 순간은 겨울일 것입니다. 겨울은 멈춤과 침묵의 계절입니다. 그러나 이 시기는 단순한 멈춤이 아닙니다. 겨울은 다음 봄을 준비하는 충전의 시간입니다. 농부가 겨울에 농기계를 점검하고 다음 농사를 계획하듯, 우리 삶의 겨울 또한 다가올 새로운 시작을 위해 준비하는 시간입니다.

삶에서 겨울은 필연적으로 찾아옵니다. 사업이 잘되지 않을 때도 있고, 사랑하는 사람과 이별할 때도 있습니다. 계획대로 일이 풀리지 않을 때, 우리는 "왜 이런 일이 나에게 일어날까?"라고 자문합니다.

그러나 이렇게 생각해 보면 어떨까요?

"지금은 내 인생의 겨울이구나. 이 겨울에 그동안 쉬지 못한 쉼을 쉬든지, 사업을 정비하든지 해야겠다."

자연의 겨울이 지나면 반드시 봄이 찾아오듯, 우리의 삶도 그렇습니다. 지금이 아무리 추운 겨울 같아도, 따뜻한 봄바람은 언젠가 반드시 불어옵니다. 겨울은 우리를 단단하게 만드는 시간입니다. 얼어붙은 땅 속에서도 봄의 씨앗은 천천히 자라고 있습니다. 삶이 힘들어 보일수록, 봄은 가까워지고 있습니다. 지금 당장 눈에 보이지 않더라도, 봄은 항상 찾아옵니다. 다만, 봄은 더디게 오는 것처럼 느껴질 뿐입니다.

"지금 내가 견디는 이 시간은 새로운 시작을 위한 준비일 뿐이다."

이렇게 생각하며, 조금만 더 버텨 보세요. 인생의 겨울은 결코 영원하지 않습니다. 봄은 늘 오고, 우리는 그 속에서 다시 피어납니다.

삶은 끊임없이 순환한다

우리의 인생에는 한 가지 계절만 있지 않습니다. 겨울이 지나면 반드시 봄이 오고, 봄은 여름과 가을을 거쳐 다시 겨울로 이어집니다. 삶은 끊임없이 순환합니다. 이 순환 속에서 우리는 무너지고 다시 일어나며, 성장하고 성숙해집니다. 힘들고 아픈 날이 있다면 그것은 인생의 겨울입니다. 그러나 자연이 겨울만 지속되지 않듯, 우리의 삶도 그렇습니다. 겨울이 지나면 반드시 봄이 옵니다. 일이 잘되지 않을 때는 쉼을 갖고, 일이 잘될 때는 여름처럼 활력 있게 나아가야 합니다. 그래서 교만하거나 주눅 들 필요가 없습니다.

힘든 시기가 찾아올 때, 이렇게 말해 보세요.

"이 또한 지나갈 것이다. 겨울 뒤에는 봄이 오듯, 내 삶에도 새로운 시작이 찾아올 것이다."

우리도 자연의 일부입니다. 봄의 희망, 여름의 열정, 가을의 결실, 겨울의 고요함은 모두 삶의 일부입니다. 봄의 설렘을 누리고, 여름의 분주함을 즐기며, 가을의 결실에 감사하고, 겨울의 고요함 속에서 내면을 충전합니다. 그리고 다음 봄을 준비합니다. 모든 계절이 지나갈 때, 우리는 그 속에서 더욱 단단해지고 깊어집니다.

완벽하지 않은 삶도 괜찮습니다. 삶은 끊임없이 순환하며, 우리는 그 속에서 새로운 시작을 맞이합니다.

"겨울은 봄을 품고 있다."

지금 당신이 겪고 있는 겨울은 새로운 봄의 시작을 준비하고 있습니다. 그러니 조금만 더 견뎌 보세요. 당신의 봄은 더 따뜻하고 아름답게 찾아올 것입니다. 어린 시절이 힘들었던 사람은 중년에 좋은 시간을 맞이할 확률이 많습니다. 인생의 후반부는 전반기와는 다릅니다.

"삶은 사계절의 선물입니다. 모든 계절을 사랑하세요."

오늘 당신의 계절을 받아들이고, 그 속에서 새로운 희망을 발견하세요.

좋음과 나쁨의 경계를 넘어: 삶을 있는 그대로 받아들이기

사람들은 종종 이렇게 말합니다.
"공부를 잘하면 좋다."
"명문대를 가야 성공한다."
"돈이 많으면 행복할 것이다."
"젊음이 축복이다."

키가 크면 좋고, 대기업에 다니면 완벽한 삶을 살 것이라 기대합니다. 하지만 정말 좋음과 나쁨이란 것이 존재하는 걸까요?

좋음과 나쁨, 낮과 밤처럼

지구는 낮과 밤을 반복합니다. 우리나라가 낮이면 지구 반대편은 밤입니다. 오늘의 낮은 내일의 밤으로 바뀌고, 지금의 밤은 곧 낮으로 변합니다. 우리의 삶도 마찬가지입니다. 오늘 좋은 일이라고 생각했던 것이 내일은 나쁜 일이 될 수 있고, 지금 아프고 괴롭게 느껴지는 일이 시간이 지나면 커다란 선물처럼 다가오기도 합니다. 결국, 좋음과 나쁨은 절대적인 것이 아닙니다. 그것은 단지 우리가 어떤 시선으로 그 상황을 바라보느냐에 따라 달라질 뿐입니다.

닫힌 문, 그리고 좁고 긴 복도

때로 삶에서 우리는 뜻하지 않은 고난과 맞닥뜨립니다. 누군가의 모함으로 직장을 잃었을 때, 우리는 이렇게 생각하기 쉽습니다.
"그 사람 때문에 내 인생이 망가졌어."
그러나 이렇게 남을 탓하는 동안, 우리는 정작 자신의 마음을 들여다볼 기회를 놓치고 맙니다. 직장을 잃었다는 사실은 지금은 괴롭지만, 어쩌면 새로운 기회가 찾아오기 위한 신호일지도 모릅니다.

- 내가 그곳에서 충분히 성장했기에 떠나야 할 시점이 온 것일 수도 있습니다.
- 아니면 그 직장에서 얻을 것은 다 얻었기에, 이제는 더 넓은 세상으로 나아가야 할 때일 수도 있습니다.

두 번의 유방암을 이겨 낸 작가 로니 카예는 이렇게 말했습니다.
"삶에서 하나의 문이 닫히면 언제나 다른 문이 열린다. 그러나 그 사이의 복도는 매우 좁고 길다."
닫힌 문들 사이에서 우리는 이별, 고난, 아픔을 마주합니다. 그러나 새로운 문이 열리기 전까지 좁고 긴 복도를 묵묵히 걸어 나가야 합니다. 그 걷는 동안 우리가 할 수 있는 것은 단 하나, 주어진 오늘을 있는 그대로 받아들이고, 그 속에서 최선을 다하는 것입니다.

낮과 밤이 하나이듯, 좋음과 나쁨도 결국 하나입니다. 낮이 밤을 품고 있고, 밤이 낮을 준비하듯, 행복과 불행도 같은 줄기에 놓여 있습니다. 그래서 좋은 일이 찾아왔을 때는 그 순간을 감사히 누리되, 자신을 과도하게 이상화하지 말고, 반대로 힘든 일이 찾아왔을 때는 그 상황 속에서 자신을 평가절하하지 말아야 합니다. 삶은 돌고 돌며 순환합니다. 낮이 있으면 밤이 있고, 밤이 지나면 또다시 낮이 옵니다.

좋음과 나쁨을 넘어선 삶 인정하기

우리 마음에는 늘 좋음과 나쁨의 분별이 존재합니다. 좋다고 생각하면 빨리 얻고 싶어 조급해지고, 나쁘다고 여기는 것은 빨리 벗어나고 싶어 합니다. 그러나 좋음과 나쁨은 결국 동전의 양면입니다. 삶은 좋음과 나쁨을 넘어서야 합니다. 사랑과 미움, 행복과 불행, 좋음과 나쁨이 모두 뒤섞여 있는 삶 속에서 어느 것도 완전히 분리되지 않습니다. 우리가 해야 할 일은 좋고 나쁨을 분별하기보다, 그 모든 순간을 있는 그대로 받아들이며 오늘을 살아가는 것입니다.

- 오늘 좋다고 믿었던 것이 내일은 나쁠 수 있습니다.
- 오늘 나쁘다고 느꼈던 것이 내일은 커다란 행운으로 다가올 수

도 있습니다.

삶은 끊임없이 회전하며 변화합니다. 지금 닫힌 문 너머에서 기다리고 있는 또 다른 문은, 당신이 묵묵히 걸어갈 때 반드시 열릴 것입니다. 오늘 일어난 일을 좋고 나쁨으로 분별하지 말고 그냥 오늘 내게 허락한 하루하루를 최선을 다해 살아가는 것입니다. 그러다 보면 내가 생각하고 뜻하는 대로 인생이 펼쳐질 것입니다.

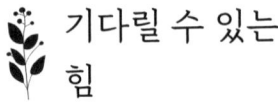# 기다릴 수 있는 힘

기다림은 단순한 인내가 아닙니다. 그것은 깊은 사랑과 신뢰에서 비롯된 큰 용기입니다. 기다릴 수 있다는 것은 상대를 믿는다는 것이고, 그 믿음 속에는 상대가 스스로 성장할 것이라는 희망이 담겨 있습니다.

부모의 조급함과 기다림의 딜레마

많은 부모들이 고민하며 묻습니다.
"우리 아이가 방 안에 틀어박혀 게임만 하는 걸, 나쁜 친구들과 어울려 다니는 걸, 삼십이 넘도록 공무원 시험공부만 하며 시간을 보내는 걸, 도대체 언제까지 기다려야 하나요?"

언제까지 기다려야 하냐고 묻지만 사실은 기다려 준 것이 아닙니다. 잔소리를 하고 다그치는 것은 기다리는 것이 아닙니다. 기다린다는 것은 상대에게서 미안함과 고마움이 올라오도록 묵묵히 있어 주는 것입니다. 그런데 눈앞의 현실은 조급함으로 다가옵니다. 자녀가 자기 할 일을 외면하고 있는 모습을 보면 부모의 마음은 더욱 흔들립니다. 그래서 기다려 주는 것이 어렵습니다. 기다려 주는 것은 굉장한 내적 힘이 필요한 일입니다. 그러나 우리는 알아야 합니다. 모든 사람은 각자 자기 삶의 할 일을 하도록 태어났습니다. 그 길을 걷는 속도가 다를 뿐입니다.

어린아이는 먹고 자는 것이 할 일입니다. 유아기에는 마음껏 노는 것이, 학령기에는 학교에 다니는 것이, 성인이 되면 크든 작든 스스로 돈을 벌어 삶을 꾸리며 살아가는 것이 자기 할 일입니다. 그러나 어린 시절 자기 할 일을 충분히 하지 못했던 아이들은 어른이 되어서도 자기 삶을 제대로 살아 내지 못할 가능성이 큽니다.

- 자율성이 침범당한 아이는 스스로 선택하는 법을 배우지 못합니다.
- 마음껏 놀지 못한 아이는 자유로움의 의미를 잃어버립니다.
- 느끼고 자라지 못한 아이는 삶의 방향성을 찾지 못합니다.

결국 우리는 자녀가 자기 삶의 주인으로 서지 못한 채 방황하는 모습을 보게 됩니다. 그러나 그 이유를 이해하지 못한 채, 부모는 왜 제대로 하지 못하느냐고 다그칩니다. 조급함 속에서 잔소리와 꾸짖음이 쌓이고, 기다린다는 이름으로 기다리지 못하는 행동을 반복합니다.

기다림은 따뜻함이다

진정한 기다림은 따뜻함입니다. 겨울을 지나 곡식이 익어 가는 계절처럼, 햇살은 아무 말 없이 곡식을 품습니다. 기다린다는 것은 바로 그러한 것입니다.

- 말로 다그치지 않아도,
- 행동으로 강요하지 않아도,
- 따뜻한 햇살처럼 묵묵히 옆에 있어 주는 것입니다.

곡식이 스스로 고개를 숙일 때까지 햇살이 품어 주듯, 부모의 기다림도 자녀가 스스로 자신의 삶을 찾을 때까지 따뜻하게 지켜 주는 일이어야 합니다.

진정한 기다림은 믿음이다

기다린다는 것은 믿는다는 것입니다. 동굴 속에 웅크린 동물이 제때 깨어나듯, 자녀도 그들만의 시간을 지나 스스로 세상 밖으로 나오는 날이 옵니다. 그날이 오기까지 부모는 믿음을 잃지 말아야 합니다.
"저 아이가 자신의 길을 찾아낼 것이다."
"시간이 걸려도 결국 스스로 걸어 나올 것이다."

믿음에는 조급함이 없습니다. 믿음은 기다림의 시간을 견디게 하고, 부모의 조급한 마음을 인내하게 해 줍니다. 부모의 따뜻한 믿음은 자녀의 내면에 작은 불씨처럼 스며들어, 그들이 다시 일어서게 하는 힘이 됩니다.

기다림은 성장의 시간이다

기다림은 멈춤이 아니라 성장의 시간입니다. 부모가 기다릴 줄 알 때, 자녀는 스스로의 속도로 자신을 발견하고 성장할 수 있습니다. 자녀의 성장에는 각자의 시간이 필요합니다.

- 어떤 사람은 빠르게 자기 길을 찾습니다.
- 어떤 사람은 느린 속도로 인생의 방향을 모색합니다.
- 또 어떤 사람은 실패와 좌절을 거듭한 뒤에야 자신만의 길을 발견합니다.

그 어떤 속도라도 괜찮습니다. 부모가 따뜻한 시선으로 기다릴 때, 자녀는 스스로 성장할 수 있는 용기를 얻습니다.

기다림의 열매

기다림의 끝에서 자녀는 부모의 사랑을 깨닫게 됩니다. 그들이 뒤돌아보며 이렇게 말할 날이 올 것입니다.

"고맙고, 미안합니다."

그 한마디는 부모의 모든 기다림을 빛나게 만듭니다. 그 고백은 자녀가 스스로 걸어 나와 자신의 삶을 살아가겠다는 다짐이기도 합니다.

진정한 기다림은 자녀의 마음에 고마움과 미안함이 스며들게 하고, 그들이 마침내 세상 속에서 자기 할 일을 찾고, 자기만의 삶을 만들어 가게 합니다.

기다림은 힘이자 사랑이다

기다림은 사랑이고, 믿음이며, 용기입니다. 부모가 자녀를 향해 기다릴 줄 안다는 것은, 그들 인생의 빛이 되어 주는 일입니다.

기다릴 줄 아는 부모는 자녀에게 이렇게 말해 주는 것입니다.

"네가 스스로 빛을 찾을 때까지, 나는 여기서 너를 지켜보고 있을게."

기다림은 단순한 인내가 아닙니다. 기다릴 수 있다는 것은 사랑의 힘입니다. 조급함 없이, 다그침 없이, 따뜻하게 곁을 지키는 것이야말로 부모가 자녀에게 줄 수 있는 가장 큰 선물입니다.

"스스로 나올 때까지 따뜻함을 주면서 기다려 주세요. 그 기다림

속에서, 자녀의 마음에 미안하고 고마운 마음이 스며들 것입니다. 그때 자녀는 자기 삶을 찾아갈 것입니다."

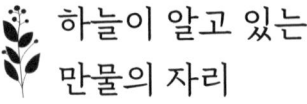
하늘이 알고 있는
만물의 자리

"사람들이 저를 필요할 때만 찾고, 필요 없으면 연락조차 하지 않아요. 그럴 때마다 너무 속상해요. 저는 사람들이 저를 이용하는 것 같아 마음이 아파요."

많은 사람들이 이런 마음을 품으며 관계 속에서 상처를 받습니다. 우리는 누군가에게 소중한 존재이고 싶습니다. 그러나 사람들의 필요에 의해 연락이 오고 끊길 때, 스스로 도구처럼 이용당한다는 느낌에 허무함과 서운함을 느끼게 됩니다.

그런데, 조금 시선을 달리하면 우리는 이 관계의 본질을 더 깊이 이해할 수 있습니다.

사람은 관계 속에서 쓰임을 다한다

누군가가 필요할 때만 연락을 하면 도구처럼 이용당하는 느낌이 들 수 있고 그런 느낌은 분명 상처를 남깁니다. 하지만 이 상황을 다른 관점에서 보면 어떨까요?

모든 것은 쓰임이 있을 때 사용되고, 쓰임이 다하면 내려놓아집니다

다. 예를 들어 칼은 요리를 할 때 필요한 도구입니다. 그러나 요리가 끝난 후에도 칼을 계속 손에 쥐고 있다면, 스스로를 다치게 할 위험이 있습니다. 그래서 요리가 끝난 칼은 칼집에 들어갑니다.

칼 입장에서 보면 "왜 나를 필요할 때만 쓰고 내려놓아?"라고 느낄 수도 있습니다. 그러나 이것이 칼의 역할이고 쓰임새입니다. 사람도 관계 속에서 각자의 쓰임새를 다하고, 역할이 끝나면 잠시 내려놓아질 수 있습니다. 우리의 쓰임이 다했음을 인정하고 자연스럽게 받아들인다면, 그 상황은 덜 괴롭게 느껴질 것입니다.

"내 쓰임은 여기까지구나. 이제는 나를 필요로 할 새로운 곳이 있을 거야." 이렇게 생각하면 서운함 대신 새로운 역할에 대한 기대가 우리의 마음을 채울 수 있습니다.

하늘은 우리가 있어야 할 자리를 알고 있다

우리가 지금 머무는 자리와 맡은 역할은 결코 우연이 아닙니다. 하늘은 우리가 있어야 할 자리, 해야 할 역할을 누구보다도 잘 알고 있습니다.

망고는 망고나무에서 열리고, 사과는 사과나무에서 열립니다. 망고가 열릴 자리에 사과가 열리지 않고, 사과가 열릴 자리에 망고가 열리지 않는 것처럼, 우리의 자리도 그렇게 정해져 있습니다.

혹시 오늘 당신이 직장을 잃었다면, 아니면 사랑하는 사람과 이별했다면, 그것은 단순히 실패나 상처가 아닙니다.

그곳에서의 당신의 역할이 끝났다는 신호일지도 모릅니다. 그 인연은 거기까지였고, 그곳에서의 쓰임은 다했음을 의미합니다. 이제 하늘은 당신을 필요로 하는 새로운 자리를 준비하고 있을 것입니다.

삶은 흘러가며, 모든 것은 떠나간다

삶에서 모든 것이 영원히 머물 수는 없습니다. 계절이 바뀌고, 꽃이 피고 지듯, 우리의 관계와 역할도 변화합니다.

자녀들은 어릴 때 부모를 필요로 하다가 자라면 더 이상 부모에게 의존하지 않습니다. 할머니도 손주를 돌보는 동안은 절실히 필요하지만, 그 역할이 끝나면 다시 자신의 자리를 찾아갑니다. 그것이 자연의 섭리입니다. 그러나 우리는 이 섭리를 받아들이지 못할 때 괴로움을 느낍니다.

"왜 나는 필요할 때만 찾고, 필요 없으면 잊힐까?"

"자기 자식 봐달라고 할 때는 언제고 이제는 필요 없다고 하나?"

이렇게 생각할수록 서운함은 깊어지고, 자신을 더 힘들게 만들 뿐입니다.

서운함 대신 새로운 길을 바라보기

우리가 해야 할 일은 이런 생각을 조금 바꾸는 것입니다.

"필요할 때 불리는 것이 내 쓰임이었다. 여기서 난 내 역할을 다했구나. 이제는 나를 필요로 하는 새로운 곳으로 갈 시간이다."

이렇게 생각하면, 우리는 상처를 넘어서 새롭게 다가올 기회를 받아들일 수 있습니다. 삶에서 누군가가 떠나거나 내가 필요 없어 보일 때, 이렇게 말해 보세요.

"이곳에서의 나의 역할은 끝났구나. 또 나를 필요로 하고 내가 있어야 할 자리로 옮겨질 시간이구나."

하늘의 계획 속에서 나의 쓰임

하늘은 오늘도 우리가 있어야 할 자리와 해야 할 일을 알고 있습니다. 우리의 쓰임이 끝난 자리 뒤에는, 새로운 자리와 역할이 준비되고 있습니다.

삶의 모든 쓰임은 헛되지 않습니다. 어떤 쓰임은 누군가의 마음을 따뜻하게 하고, 어떤 쓰임은 그들의 삶에 빛을 비춥니다.

쓰임의 끝은 끝이 아니라 새로운 시작입니다.

믿으세요. 하늘은 당신이 있어야 할 자리를 알고 있습니다. 유목민들이 먹을 것이 다하면 다음 장소로 옮기듯 하늘에서 이곳에서 당신이 얻어야 할 것들을 다 얻었기에 장소를 옮기는 것입니다.

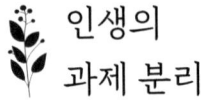 인생의
과제 분리

"내 아이가 공부를 안 해서 고민이에요."
"남편이 술을 많이 마셔서 속상합니다."

많은 사람들은 자신의 문제보다 타인으로 인해 더 큰 어려움을 느끼곤 합니다. 사랑하는 사람의 문제는 때로 나 자신의 문제처럼 느껴지고, 이를 해결하려다 보니 스트레스와 갈등이 커지기도 합니다. 그러나 우리가 간과하는 것이 있습니다.

그 문제는 과연 누구의 과제일까요?

과제는 누구의 몫인가?

심리학자 알프레드 아들러(Alfred Adler)는 인간관계에서 겪는 갈등을 줄이고 심리적 건강을 유지하기 위해, 과제를 분리하는 것(Task Separation)이 중요하다고 말했습니다. '과제 분리'란 나의 과제와 타인의 과제를 명확히 구분하고, 타인의 과제에 지나치게 개입하지 않으며, 자신의 과제에 집중하는 태도를 뜻합니다.

아들러는 "그 행동의 결과를 궁극적으로 누가 책임지는가?"를 기준으로 과제를 구분하라고 조언합니다.

- 자녀의 공부는 자녀의 과제입니다. 부모는 공부할 환경을 제공할 수는 있지만, 공부할지 말지는 자녀가 선택해야 할 문제입니다.
- 건강 관리 역시 각자의 몫입니다. 배우자의 건강이 걱정된다고 해서 잔소리로 해결하려 한다면, 갈등만 커질 가능성이 높습니다.

잔소리는 결국 타인의 과제에 지나치게 개입하는 행위이며, 이런 개입은 심리적 독립을 약화시키고 관계를 어긋나게 만듭니다.

타인의 과제에 개입할 때 생기는 문제

부모가 "공부해라."라는 잔소리를 반복하는 순간, 공부는 부모의 과제가 됩니다. 아이는 '공부는 내가 해야 할 일이 아니라 부모의 필요를 채우기 위한 것'이라는 무의식적 생각을 갖게 됩니다. 그래서 오히려 공부를 하지 않으려 하거나, 억지로 하더라도 그 과정에서 성취감이나 책임감을 느끼지 못합니다. 왜냐하면 잔소리를 듣는 순간 내 과제에서 부모의 과제로 넘어가기 때문입니다.

비슷한 상황은 친구, 배우자, 동료 등 다양한 관계에서도 반복됩니다.

- 친구가 우울해할 때, 우리는 위로와 공감을 넘어서 친구의 감정

을 해결하려 하곤 합니다. 그러나 친구의 기분을 바꾸는 것은 친구의 과제입니다.
- 배우자가 건강을 챙기지 않을 때, 우리는 끊임없이 "운동해라.", "술을 줄여라."라고 조언하지만, 결국 건강을 지키는 것은 배우자 본인의 몫입니다.

이러한 잔소리와 간섭은 오히려 상대방이 자신의 과제를 외면하게 만들고, 관계의 갈등을 키울 뿐입니다.

과제 분리를 실천하면 생기는 변화

과제 분리를 통해 우리는 타인의 문제를 존중하며, 자신의 삶에 집중할 수 있습니다. 이는 심리적 부담을 덜어 주고, 더 건강한 관계를 형성하는 데 도움을 줍니다.

- 자녀의 공부에 관여하는 대신, 공부할 환경과 지원을 제공해 주는 데 초점을 맞추면, 자녀는 자신의 과제를 스스로 해결할 책임감을 배우게 됩니다.
- 배우자의 건강 문제에 대해 걱정하는 대신, 그들에게 선택의 자유를 주고 스스로 책임질 기회를 허락하면, 갈등은 줄고 배우자도 더 큰 동기를 느낄 수 있습니다.

과제분리는 내가 할 수 없는 일에서 손을 떼고, 내가 해야 할 일에만 집중하는 것입니다. 이것은 단순히 타인을 방치하는 것이 아니라, 그들이 자신의 삶을 주도적으로 살아갈 수 있도록 존중해 주는 것입니다.

나와 타인의 경계 세우기

사랑하는 사람이 잘되기를 바라는 마음은 본능적이고 자연스러운 것입니다. 그러나 그 마음이 간섭과 통제로 이어질 때, 관계는 복잡해지고 상처가 남습니다.

우리가 해야 할 일은 타인의 과제를 인정하고, 자신의 과제에 집중하며, 서로의 삶을 존중하는 것입니다.

- 자녀가 공부하지 않을 때: "내가 환경은 만들어 줄게. 네가 결정하는 거야."
- 배우자가 건강을 해칠 때: "내가 걱정되지만, 당신이 선택할 문제야."
- 친구가 힘들어할 때: "내가 네 곁에 있어 줄게. 하지만 기분을 바꾸는 건 네 몫이야."

이런 태도는 단순히 갈등을 줄이는 것을 넘어, 진정한 관계의 자유와 책임을 만들어 줍니다.

내 삶은 나의 몫, 당신의 삶은 당신의 몫

인생은 각자가 풀어야 할 고유한 과제들의 연속입니다. 부모의 사랑, 친구의 위로, 배우자의 배려는 우리를 도와줄 수 있지만, 최종적으로 내 삶의 방향을 결정하고 책임지는 사람은 나 자신입니다.

타인의 과제를 존중하고, 나의 과제를 충실히 해결해 나갈 때, 우리는 더 건강하고 균형 잡힌 삶을 살아갈 수 있습니다. 내 삶은 나의 몫이고, 당신의 삶은 당신의 몫입니다. 이 단순한 진리가 인생을 조금 더 편안하고 따뜻하게 만들어 줄 것입니다.

오늘 내가 힘들어하는 문제가 누구의 과제인가요?

인생의 고통과 시련:
자기 정체성을 찾아가는 여정

"시련은 나에게 어떤 메시지를 주려고 오는 것이다."

언뜻 진부해 보이는 말이지만, 그 메시지를 이해할 때 시련은 우리를 더욱 단단하고 빛나는 존재로 변화시킵니다. 마치 납을 금으로 바꾸는 연금술처럼, 시련은 우리의 내면에 숨겨진 가능성을 꺼내어 보석처럼 빛나게 합니다.

인생에서 시련이 찾아오는 것은 대개 우리가 자기 정체성을 찾아가는 여정을 시작하라고 오는 것입니다. 그 시련은 이렇게 말하고 있습니다.

"너는 지금 진정한 너 자신으로 살고 있는가?"

시련은 거짓 자기를 벗으라는 신호입니다. 우리는 살아가면서 많은 가면을 씁니다. 사랑받기 위해, 인정받기 위해, 거짓자기로 살아가느라 우리 안의 참자기는 숨고 덮여 있습니다. 시련은 그 가면을 벗고, 진정한 나로 살아가라는 신호입니다.

때로 우리는 누군가에게 혹은 무엇인가에 과도하게 의지하거나 애착을 가집니다. 이제 시련은 그 애착을 끊고, 스스로의 정체성을 확립하라고 찾아옵니다.

모든 시련은 사람마다 다르게 찾아옵니다. 우리의 성향에 따라, 삶의 메시지는 각기 다른 모습으로 전달됩니다.

불같은 열정을 가진 사람에게 오는 시련

불처럼 열정적인 사람은 자신의 힘과 리더십이 인정받기를 원합니다. 그들에게 시련은 자신의 열정이 통하지 않는 순간으로 찾아옵니다.

뜨겁게 열정적으로 사랑했던 자녀가 가출하거나, 리더십이 받아들여지지 않는 상황에서 고통을 느낍니다.

그러기에 시련은 말하고 있습니다.

"너의 열정을 잠시 내려놓고, 은근한 따뜻함을 배워라." 불같은 사람에게는 인내와 부드러움이라는 새로운 도전을 해 보라고 알려 주는 시기입니다.

참을성이 강한 사람에게 오는 시련

성실하고 인내심이 강한 사람들은 어떤 일이든 끝까지 완수하려는 성향이 있습니다. 그들에게 시련은 건강 문제나 관계의 단절로 찾아옵니다. 일을 끝까지 완수하지 않아도 괜찮다고 알려 주는 메시지입니다.

그동안 의지했던 안정감과 지속성을 내려놓고, 새로운 환경과 관계를 받아들여야 하는 순간이 옵니다.

이 시련은 말하고 있습니다.
"너의 지나친 인내를 내려놓고, 변화와 독립을 받아들여라."

사고 중심적인 사람에게 오는 시련

이성적으로 사고하는 사람들은 감정을 이해하거나 공감하는 데 서툴 수 있습니다. 이들은 분석력이 뛰어나지만 때로는 차갑고 냉정하다는 말을 듣기도 합니다. 그들에게 오는 시련은 감정을 폭발적으로 표현하는 사람들과의 만남으로 찾아옵니다. 그동안 냉철한 사고로만 살아왔기에 사고로 이해되지 않는 일들이 시련으로 옵니다.
"왜 와서 울기만 하지? 내가 뭘 어쩌라는 거지?"
찾아온 시련은 말하고 있습니다.
"머리로만 판단하지 말고, 가슴으로 타인을 받아들이는 법을 배워라."
그들에게는 자신의 감정을 인정하고 표현하는 연습이 필요합니다. 시원하고 냉정한 부분에 이제는 따뜻함을 좀 가져오라는 신호입니다. 찾아온 시련은 타인의 감정뿐 아니라 자신의 감정도 돌보고 자신의 감정도 이제부터는 표현하면서 살라는 신호입니다.

감정이 풍부한 사람에게 오는 시련

감정형 사람들은 타인의 마음을 직관적으로 이해하고, 깊이 공감하는 능력이 뛰어납니다. 따뜻한 사람입니다. 하지만 지나친 공감과 수용은 때로 자신의 마음을 소진시키기도 합니다. 그들에게 시련은 마음을 주었던 사람으로부터의 배신이나 공감받지 못하는 고통으로 다가옵니다.

"나는 이렇게 도와주고 애썼는데, 왜 아무도 나를 알아주지 않을까?"

이 시련은 말하고 있습니다. "지나친 돌봄을 멈추고, 거리두기를 하라."

그들에게는 돌봄이라는 명목으로 너무 융합되었던 관계에 건강한 거리두기가 필요합니다. 냉정함, 차가움을 겸비해야 할 시점인 것입니다. 이 세상은 따뜻함만 있는 것이 아닙니다. 차가움도 꼭 필요한 영역입니다.

고통과 시련, 자기 정체성을 찾아가는 길

인생에서 고통과 시련은 단순히 우리를 괴롭히기 위해 찾아오는 것이 아닙니다. 그것은 우리가 더 높은 자리로 상승하기 위해, 진정한 나 자신으로 살기 위해 필요한 과정입니다.

고통스러운 순간마다 스스로에게 물어보세요.

"이 시련이 나에게 무엇을 말하고 있는가?"
"나는 무엇을 배우고, 어떻게 변화해야 하는가?"

고통 속에서 서로를 받아들이는 힘

고통은 스스로 받아들일 때 성장으로 이어지지만, 그 고통 속에서 타인의 지지와 공감을 받는다면 더욱 강한 힘이 됩니다.
우리가 고통에 처한 사람을 만났을 때 이렇게 말해 줄 수 있다면 얼마나 좋을까요?
"그래, 너의 고통을 내가 받아 줄게. 그 고통이 너의 정체성을 찾아가는 몸부림이라는 걸 내가 이해할게."
이런 마음으로 서로를 받아 줄 때, 고통은 더 이상 외로운 싸움이 되지 않을 것입니다. 그리고 우리가 힘들 때 누군가 우리를 그렇게 받아 준다면, 우리는 고통을 넘어설 수 있는 용기를 얻을 것입니다.

고통은 상승의 몸부림이다

고통은 단순한 고난이 아닙니다. 그것은 우리가 더 높은 단계로 올라가기 위한 몸부림입니다.

- 우리가 참된 자신으로 살기 위해,
- 우리 안의 가면을 벗기 위해,
- 진정한 정체성을 찾기 위해 오는 것입니다.

고통 속에서 서로를 받아 주는 것은 마음의 공간을 열어 주는 일입니다.
"네가 겪는 고통이 정체성을 찾기 위한 과정임을 내가 이해할게."
이 한 마디가 누군가에게는 삶을 버티게 해 주는 힘이 될 수 있습니다.
그리고 우리 스스로에게도 말해 봅시다.
"지금 내가 겪는 이 고통이 나를 더 나답게 만들기 위한 여정임을 믿어 보자."
그렇게 서로를 받아 주는 세상이라면, 이 땅에서의 고통은 조금 덜 고통스럽고, 우리는 함께 더 성장할 수 있을 것입니다.
"고통은 자신의 정체성을 찾고 통합해 가는 여정의 동반자입니다. 그 고통을 이해하고 받아들일 때, 우리는 진정한 나로 살 수 있는 용기를 얻습니다."

자아실현:
자기 결정권을 가지고 오늘을 사는 것

사람들은 어릴 적, 빨리 어른이 되기를 꿈꿉니다. 하지만 막상 어른이 되고 나면, 젊고 자유로웠던 시절을 그리워합니다. 우리는 왜 오늘, 지금-여기에서 온전히 살지 못할까요?

대부분의 사람들은 과거의 상처와 후회에 매달리거나, 미래에 대한 불안과 걱정에 사로잡혀 현재를 충분히 살아가지 못합니다. 지금 이 순간, 나는 얼마나 '지금-여기'를 살고 있을까요? 사람들은 종종 과거의 잘못을 되새기며 자신을 책망하고, 미래의 불확실성에 대해 두려워합니다. 그 결과, 가장 중요한 오늘을 흘려보냅니다.

인간은 만물의 영장입니다. 이는 인간이 가장 위대하고 존귀한 존재라는 뜻입니다. 그런데 만물의 영장인 우리가 종종 타인의 시선을 의식하며 눈치를 보고, 자신을 타인의 기준에 맞추려 애쓰고, 결국 자신의 삶에서 피해자 역할에 머무르곤 합니다. 모든 자연 만물은 자기 위치에서 자기 할 일을 할 뿐입니다. 그런데 만물의 영장인 우리가 자기 결정권을 가지고 자기 삶에 책임을 지고 선택하며 사는 게 참으로 어렵습니다.

자기 결정권: 나로 살아가기 위한 첫걸음

자기 결정권이란, 내 삶의 선택을 내가 내리는 것입니다. 무엇을 할지, 어떤 길을 갈지, 어떻게 살아갈지를 스스로 결정하고 그 선택을 책임지는 태도입니다.

하지만 많은 사람들은 자신의 결정권을 타인에게 넘기고 맙니다. 심지어 자신이 원하는 것이 무엇인지조차 모른 채 살아갑니다. '내가 결정할 수 없다.'라는 오래된 습관과 타인의 기대 속에서 자신을 잃어버린 삶. 그 결과, 우리는 종종 타인을 원망합니다.

"남편 때문에 내 인생이 망가졌어."

"아이들 때문에 이혼도 못 했어."

"너 때문에 내 삶이 너무 힘들었어."

그러나 우리는 한 가지 질문을 스스로에게 던져야 합니다. 정말로, 그것이 모두 남 때문일까요? 타인을 비난하는 것은 어쩌면 스스로 자유롭게 결정을 내리지 못한 나 자신에 대한 답답함을 마주보고 싶지 않아서일 수 있습니다. 내 인생을 책임지고 가기에 너무 버겁고 힘들어서 탓을 하면서 살아갑니다. 내 삶을 내가 선택하고 살아간다면, 그 삶은 비록 쉽지 않더라도 결코 헛되지 않을 것입니다.

우리는 종종 남이 원하는 삶을 살고 있다고 느낍니다. 특히 아이들 중 많은 경우, 부모가 원하는 삶을 대신 살아 주려다 무기력과 허무함에 빠지곤 합니다. 그러나 한 가지 진실은 분명합니다. 자신이 원하는 삶을 선택할 때, 그 삶은 비로소 가치와 의미를 지니게 됩니다. 자기 결정권은, 내가 무엇을 원하는지 알고, 그 선택을 존중하는 데서 시작됩니다. 그리고 그것은 자아실현의 첫걸음이 됩니다.

자아실현이란

자아실현이란 거창한 성공이나 사회적 지위를 얻는 걸 의미하지 않습니다. 심리학자 매슬로우는 기본적인 욕구가 충족된 후 자신을 계발하며 성장하는 과정을 자아실현으로 보았고, 융은 의식과 무의식의 조화를 이루어 진정한 자아와 만나는 것을 개성화, 즉 자기실현이라 정의했습니다.

하지만 자아실현은 박사가 되거나 사회적 성공을 이루는 것만이 아닙니다. 그것은 내가 나로서 자기 결정권을 가지고 오늘을 살아가는 것입니다. 환경미화원은 환경미화원으로서, 공무원은 공무원으로서, 주부는 주부로서 자신의 선택을 존중하며 스스로 선택한 삶을 살아가는 것이 곧 자아실현입니다. 내가 선택한 내 삶이 소중하다면, 타인의 삶 역시 존중할 수 있습니다. 억지로 남의 기대에 맞춰 살아가는 것이 아니라, 내가 선택한 길을 걸으며 하루를 충실히 살아가는 것이야말로 진정한 자아실현입니다. 스스로를 돌아보고, 내게 가장 소중한 것이 무엇인지 깨달을 때 우리는 비로소 오늘을 살아갈 힘을 얻습니다.

내 삶의 방향을 타인에게 맡기지 마세요. 나는 어떤 사람이고, 무엇을 원하는지 스스로에게 질문하며, 오늘 하루의 선택을 주도적으로

해 보세요. 그 선택이 바로 나를 나답게 살게 하는 길이 될 것입니다. 자아실현은 특별한 것이 아닙니다. 그것은 바로 내가 나 자신으로서 하루하루의 삶을 선택하며 살아가는 것입니다. "내 삶은 내가 결정한다." 그 선택의 자유 속에서 우리는 진정한 나를 만나게 됩니다. 오늘, 지금 이 순간을 온전히 살아가세요. 그곳에서 당신은 자아실현의 꽃을 피우게 될 것입니다.

"나는 내 삶을 선택하고, 오늘의 나를 사랑하며, 지금 이 순간을 살아갑니다."

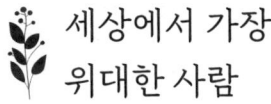
세상에서 가장 위대한 사람

"저는 이 직업을 통해 다른 사람을 돕고 싶어요."

많은 사람들이 남을 돕는 일을 하고 싶다고 말합니다. 그렇다면, 남을 돕는 직업이 따로 있을까요? 의사, 간호사, 교사, 상담사처럼 명확히 남을 돕는 일이 보이는 직업만이 돕는 일을 하는 것일까요?

사실, 모든 직업이 남을 돕는 일입니다. 각자의 위치에서 자신의 일을 묵묵히 해내는 사람은 이미 누군가에게 큰 도움을 주고 있습니다. 자기 일을 묵묵히 해내는 것이 곧 남을 돕는 일이며 세상에서 가장 위대한 사람입니다.

- 청소를 하면 다른 사람이 깨끗한 환경에서 생활할 수 있습니다.
- 새로운 기술을 개발하면 누군가 더 편리한 삶을 누릴 수 있습니다.
- 농부가 땅을 일구면 많은 이들이 식탁에서 따뜻한 한 끼를 즐길 수 있습니다.

돕는다는 것은 특별한 행동을 의미하지 않습니다. 오늘, 자신의 자리를 지키며 자신의 일을 묵묵히 해내는 것만으로도 이미 우리는 서로를 돕고 있습니다.

자연에서 배우는 위대함

태양은 자신이 세상을 돕는다고 생각하지 않습니다. 그저 떠오르고 빛을 비춥니다. 그 빛이 대지에 온기를 주고, 식물이 자라고, 생명이 숨 쉬게 만듭니다. 지구 역시 마찬가지입니다. 무슨 일이 있어도 자전과 공전을 멈추지 않으며 우리를 품어줍니다.

"태양과 지구처럼 자연은 묵묵히 자기 자리를 지키며 자신의 일을 합니다. 그것이 바로 위대함입니다."

위대함은 우리 일상 속에 있다

세상에서 가장 위대한 사람은 누구일까요? 특별한 업적을 남긴 사람들, 역사에 이름을 새긴 사람들이라고 생각할 수도 있습니다. 그러나 진정한 위대함은 오늘을 충실히 살아가는 우리 모두 안에 있습니다.

- 아이는 뛰어노는 것이 자기 할 일입니다.
- 학생은 학교에 가서 배우는 것이 자기 할 일입니다.
- 어른은 삶을 책임지며 돈을 벌고, 가족을 돌보는 것이 자기 할 일입니다.

이렇게 각자 자신의 일을 해내는 것만으로도, 우리는 서로를 돕고,

세상을 움직이는 위대한 존재가 됩니다.

그래서 세상에서 가장 위대한 사람은 자기 자리를 지키며 오늘 해야 할 일을 묵묵히 해내는 사람입니다. 우리가 각자의 자리에서 자기 일을 해내면, 그것이 곧 누군가를 돕는 일이 되고, 세상을 조금 더 나아지게 만듭니다. 이 위대한 행위는 거창한 영웅이 아닌 바로 오늘의 나, 그리고 당신에게서 시작됩니다.

오늘도 당신은 위대한 사람입니다. 왜냐하면 당신은 자신의 자리를 지키고, 자신의 일을 해내고 있기 때문입니다. 삶은 그렇게 평범해 보이지만, 그 평범함 속에 숨겨진 위대함이 세상을 움직이고 있습니다.

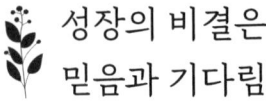# 성장의 비결은 믿음과 기다림

"우리 아이는 중학생인데 또래보다 순수하고 애기 같아요. 한편으로는 귀여운 면도 있지만, 또래 관계에서 어려움을 겪고 있어 걱정됩니다."

순수하고 미성숙한 아이의 모습은 마음의 여유로 보면 사랑스럽게 느껴질 수 있습니다. 하지만 신체가 자라듯 정신도 자기 나이에 맞게 성장해 가야 합니다. 또래 아이들보다 미성숙하면 또래 관계에서 어려움을 느낄 수 있고 스스로 자존감이 낮아질 수 있습니다.

정신도 성장하는 데는 영양이 필요하다

나무를 심으면 햇빛, 물, 영양분이 필요하듯, 인간의 정신도 자라기 위해서는 사랑과 믿음이라는 영양분이 필요합니다. 부모가 자녀를 사랑한다고 하지만, 사랑을 주는 방식이 적절하지 않으면 정신적 성장은 느려질 수 있습니다. 많은 부모는 '내 자녀가 불행하지 않았으면 좋겠다.'는 마음으로 자녀를 과잉보호하거나, 자녀가 원하는 것을 막고 부모의 뜻을 강요합니다. 이러한 불안과 통제는 아이의 자율성과 주체성을 약화시키고, 스스로 생각하고 선택할 기회를 빼앗아 정신적 성장을 늦출 수 있습니다.

심리학자 칼 로저스는 인간의 본성에 자아실현 경향성이 있다고 말합니다. 인간은 사랑과 존중을 받을 때, 스스로 싹을 틔우고 성장할 힘을 내재하고 있습니다. 하지만 부모의 불안과 통제가 과도할 경우, 아이는 자신의 자아실현 경향성을 발현하지 못하고 주어진 환경에 억눌린 채로 남아 있게 됩니다.

부모의 사랑, 불안이 아닌 믿음에서 시작되다

부모가 자녀를 진정으로 사랑한다면, 자녀를 온전히 믿고 기다려 주는 것이 필요합니다. 사랑은 상대가 원하는 것을 주는 것입니다. 사랑은 간섭하거나 통제하는 것이 아닙니다. 자녀가 무엇을 원하고 있는지 귀 기울이고, 그들의 마음을 인정해 주는 것이 진정한 사랑입니다. 사랑하지 않을 때 우리는 미워한다고 생각하지만, 사랑의 반대말은 미움이 아니라 불신일 때가 많습니다.

"내 아이가 스스로 잘할 수 있을까? 이렇게 자라다가 잘못되면 어떻게 하지?"

이러한 걱정을 사랑이라고 생각하지만 불안은 자녀를 간섭하게 만들고, 그 간섭은 자녀에게 사랑이 아닌 부담으로 느껴집니다. 자녀는 부모의 걱정을 무의식에서는 자신을 믿어 주지 않는다고 생각합니다.

부모의 믿음을 받지 못한 자녀는 자신을 믿을 수 없는 사람이라고 무의식에서 느낍니다.

성경에서는 말합니다. "온전한 사랑은 두려움을 내쫓는다."(요한일서 4:18) 부모의 불안과 두려움은 자녀에게 투사되고, 결국 자녀는 세상을 두려운 곳으로 인식하게 됩니다. 심지어 학교도 두렵고 밖에 나가는 것도 새로운 사람을 만나는 것도 두렵다고 인식합니다. 이 두려움은 자녀를 어린아이처럼 미성숙한 상태에 머물게 할 수 있습니다.

부모의 불안은 자녀에게 전이됩니다. 자녀가 미성숙하다고 느껴질 때, 부모 자신의 불안감을 먼저 돌아보는 것이 필요합니다. 자녀를 믿고 자녀가 스스로 선택하고 책임질 수 있는 기회를 주어야 합니다. 실패와 실수를 통해 배우는 과정도 성장의 중요한 일부입니다. 그래서 자녀가 원하는 것을 들어주고 간섭하지 않아야 합니다. 부모의 뜻이 아니라, 자녀가 진정으로 원하는 것을 존중하고 인정해 주어야 합니다. 자녀가 스스로 무엇을 원하는지 알 수 있도록, 기다리고 지원하는 자세가 필요합니다.

성장의 비결은 믿음과 기다림

고구마 싹이 햇빛을 따라 뻗어 나가듯, 자녀도 온전한 사랑과 믿음 속에서 자기 스스로 성장해 나갈 수 있습니다. 고구마 싹이 빨리 나오라고 찔러 주지 않습니다. 그저 햇빛과 물이 있으면 스스로 싹이 나옵니다.

"내 아이도 스스로 자랄 힘을 가지고 있습니다. 내가 해야 할 일은 햇빛 같은 믿음과, 물처럼 따뜻한 기다림을 주는 것입니다."

부모가 한발 물러서서 자녀를 믿고 바라볼 때, 자녀는 비로소 자기 삶의 중심을 찾고 성장할 힘을 얻게 됩니다.

"부모는 자녀의 촉진적인 환경일 뿐, 자녀의 뿌리와 줄기는 스스로 자라는 법입니다."

부모의 사랑이 자녀를 보호하는 울타리가 아니라, 자녀를 성장시키는 비옥한 땅이 될 때, 자녀는 자연스럽게 또래 속에서 자기 자리를 찾아갈 수 있을 것입니다.

믿어 주세요. 그 믿음이 바로 자녀의 성장으로 이어집니다.

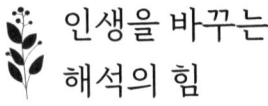
인생을 바꾸는 해석의 힘

"이번에 과장 때문에 한직으로 발령받았어요. 자기와 같은 출신 사람들은 좋은 자리에 배치하고, 저는 밀려났어요."

우리는 살면서 원치 않는 일을 맡게 되거나, 예상치 못한 곳으로 좌천되는 상황을 맞이할 때가 있습니다. 때로는 최선을 다하지 못했기 때문일 수도 있고, 조직이 더 나은 인재를 필요로 했기 때문일 수도 있습니다. 하지만 최선을 다했음에도 불구하고 이런 일이 발생할 때, 우리는 쉽게 상사나 회사를 원망하고 불공평한 세상을 탓하게 됩니다.

많은 사람들은 "그 사람이 나를 싫어해서 이렇게 된 거야! 부당해." 라고 생각할 수 있습니다. 그러나 바로 이 순간이야말로, 상황을 다른 시각으로 해석해 볼 기회입니다. 지금은 이런 상황이 나에게 나빠 보일지 모르지만 더 좋은 일로 연결될 수도 있습니다. 어릴 적 엄마가 젖을 물릴 때 한 아이가 충분히 먹고 나면, 다른 아이에게도 젖을 물리는 것처럼, 그동안 내가 좋은 자리에 있었다면 이제는 다른 사람도 그 기회를 가질 차례일 수도 있습니다. 아니면 내가 지금 자리에서 배울 것을 다 배웠기 때문에, 우주는 새로운 성장을 위해 나를 다른 곳으로 보내려는 것일 수도 있습니다.

해석을 어떻게 하느냐에 따라 내 인생의 방향이 달라집니다. 남을 탓하며 불만만 품는다면 내게 찾아온 기회를 놓칠 수도 있지만, 이를 성장의 기회로 받아들이면 내 삶은 한층 더 깊어질 것입니다.

삶의 해석이 인생을 바꾼다

살다 보면 예상치 못한 일들이 끊임없이 찾아옵니다. 어떤 날은 기쁘고 행복할지라도, 힘들고 고된 순간이 훨씬 많습니다. 중요한 것은 그런 상황을 어떻게 해석하느냐입니다. 같은 사건이라도 어떻게 바라보느냐에 따라 인생의 방향이 달라질 수 있습니다. 설령 현실이 크게 변하지 않더라도, 해석의 차이가 우리의 내면을 단단하게 만들고 마음을 평온하게 해 줍니다.

여기서 중요한 점은 해석이 자기합리화와 다르다는 것입니다. 자기합리화는 자신의 잘못을 변명하거나 핑계를 대는 것이지만, 해석은 최선을 다했음에도 불구하고 찾아온 어려움을 있는 그대로 받아들이고, 그 안에서 의미를 찾는 과정입니다. 하늘은 우리를 단련시키기 위해 때로는 시련을 주기도 합니다. 나무가 비바람과 번개를 맞으며 뿌리를 깊이 내리는 것처럼, 우리도 아픔을 겪으며 더욱 단단해질 수 있습니다.

아픔을 경험하면서 우리는 점차 마음의 크기를 넓혀갑니다. 작은 그릇 같았던 마음이 점점 커지면서, 이제는 타인의 아픔도 이해할 수 있게 됩니다. 과거에는 나만 이해받길 원했다면, 이제는 더 많은 사람을 품을 수 있는 사람이 되어가는 것입니다. 인생에서 아픔을 피하려고만 한다면 우리는 성숙할 수 없습니다. 감기 몸살을 앓고 난 후 면역력이 생기듯, 인생의 아픔도 온전히 겪고 나면 한 단계 더 성장할 수 있습니다. 그러나 아픔을 외면하고 남을 탓하기만 하면 마음은 더욱 괴로워질 뿐입니다. 물론 부당하거나 법적으로 잘못된 일이라면 당연히 대응해야 하지만, 그런 경우가 아니라면 아픔을 있는 그대로 받아들이고 충분히 느끼는 과정이 필요합니다.

해석의 힘, 튼튼한 자아에서 온다

좋은 해석은 튼튼한 자아(self)에서 비롯됩니다. 자아가 튼튼하려면 아픔을 견디고 내 안에 단단한 기둥을 세워야 합니다. 시련은 나를 무너뜨리는 것이 아니라, 더 깊고 넓은 사람으로 성장하게 하는 디딤돌이 될 수 있습니다. 그 과정을 통해 우리는 더욱 평온하고 넓은 시야를 가질 수 있습니다.

인생은 끊임없는 배움의 연속입니다. 아픔을 통해 내면을 단련하고, 타인을 품을 수 있는 넉넉한 마음을 만들어 가세요. 그리고 일어난 일을 새로운 시각으로 해석하는 힘을 길러 더 밝은 내일을 맞이하시길 바랍니다. 결국, 삶의 의미는 우리가 그것을 어떻게 바라보느냐에 따라 결정됩니다. 오늘도 주어진 상황 속에서 긍정적인 해석을 통해, 더 나은 내일을 만들어 가세요.

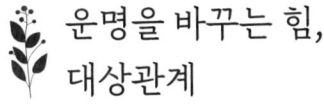
운명을 바꾸는 힘, 대상관계

사주팔자라는 말이 있습니다. 사람의 운명이 정해져 있다는 뜻으로 종종 사용되지만, 이는 우리 삶의 모든 것을 설명하기엔 부족합니다. 예를 들어, 사주는 쌍둥이의 운명을 동일하게 설명할 수 없고, 관상조차도 다르게 드러납니다. 관상은 단순히 얼굴뿐만 아니라 머리부터 발끝까지 그 사람의 인상과 분위기를 종합적으로 판단하는 것입니다. 그런데 관상이란 무엇에서 비롯될까요? 그것은 바로 심상, 즉 마음에서 나옵니다.

마음이 편안하고 안정되면 얼굴에서 드러나는 기운도 자연스럽고 부드럽습니다. 그래서 흔히 말하길, 관상 위에 심상이 있다고 합니다. 영화 〈원더〉의 대사처럼, "얼굴은 과거를 보여 주는 지도이고, 마음은 미래를 보여 주는 지도"입니다. 얼굴을 보면 그 사람이 어떤 삶을 살아왔는지 보여 주는 것이고, 사람의 현재 마음 상태가 미래를 좌우한다는 말입니다. 결국, 우리의 미래는 마음가짐에 따라 얼마든지 달라질 수 있습니다.

그렇다면 마음은 어떻게 형성되는 것일까요? 마음은 사람과의 관계 속에서 만들어집니다. 관계가 안정되고 따뜻하면 마음도 평안합니다. 반대로 관계가 불안정하거나 상처를 주고받는 관계에 있다면, 마음도 우울하고 불안해지며 삶의 활력을 잃기도 합니다. 특히 우리가 의지하고 싶어 하거나 사랑받고 싶어 하는 대상과의 관계는 우리의 마음에 가장 큰 영향을 미칩니다.

사람마다 대상과 맺는 관계는 다릅니다. 어떤 이는 미움과 갈등의 관계를 맺고, 어떤 이는 서로 함부로 대하는 관계를 맺으며, 또 어떤 이는 사랑과 존중이 가득한 관계를 맺습니다. 이러한 관계의 질은 우리의 마음에 변화를 일으키고, 마음의 변화는 다시 우리의 얼굴과 인생에 드러납니다. 그래서 중년 이후의 얼굴은 그 사람의 인생을 보여주는 거울이라고 합니다. "중년의 얼굴은 스스로 책임져야 한다."는 말처럼, 살아온 시간 동안 어떤 대상과 어떤 관계를 맺었는지가 얼굴에 고스란히 드러나는 것입니다.

사주처럼 타고난 것을 바꿀 수는 없지만, 내가 만나는 대상과의 관계를 바꾸면 관상은 바뀌고, 마음도 바뀌며, 결국 우리의 미래도 달라질 수 있습니다. 지금이라도 의지하고 사랑하는 사람, 사랑받고 싶은 사람과의 관계를 따뜻하고 편안하게 만들 수 있다면, 우리의 삶은 더 나은 방향으로 나아갈 것입니다.

결국 우리의 운명은 관계가 결정짓습니다. 좋은 관계 속에서 평안한 마음을 만들고, 평안한 마음으로 삶의 변화를 이끌어 가십시오. 오늘부터 내가 만나는 대상과 맺는 관계가 내일의 얼굴과 미래를 바꿀 것입니다. 지금 이 순간부터, 당신이 만드는 관계가 바로 당신의 운명입니다.

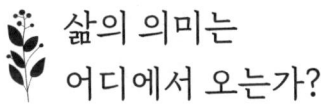# 삶의 의미는 어디에서 오는가?

"왜 살아야 하는지 모르겠어요. 삶의 의미가 없어요."

요즘 많은 청년들이 이런 고민을 털어놓습니다. 삶이 허무하고, 왜 살아야 하는지 알 수 없어서 계속 살아야 할지조차 고민하게 된다고 말합니다.

"이렇게 사는 게 무슨 의미가 있나요? 죽는 것과 다를 게 뭐가 있죠?"

이런 질문들은 우리 모두를 깊이 생각하게 만듭니다. 삶의 의미는 어디에서 오는 것일까요? 작은 것이라도 내가 노력해서 뭔가 해낸 것에 있습니다.

의미는 노력과 희생, 관계 속에 있다

무엇인가가 나와 감정적 연결이 되어 있거나, 거기에 나의 시간과 돈, 노력과 희생이 담길 때 그것은 나에게 의미가 있는 것입니다.

의미가 있다는 것은 단순히 그것이 존재해서가 아닙니다. 그것이 나에게 가치가 있고, 나의 노력과 희생이 담길 때, 비로소 의미를 갖습니다. 예를 들어, 도박이나 요행으로 얻은 돈은 쉽게 사라집니다. 왜냐하면 거기에는 내 땀과 노력이 담기지 않았기 때문입니다. 반대로, 내 시간을 바치고, 한 푼 한 푼 모은 돈으로 무언가를 이루어 냈을 때, 그 돈과 결과물은 나에게 값으로 환산할 수 없는 큰 의미를 갖습니다.

내가 사랑하는 사람이 준 작은 선물도 마찬가지입니다. 그 물건에는 그 사람과의 기억과 추억이 담겨 있기에, 단순한 물건 이상의 소중함을 느낄 수 있습니다. 우리의 노력, 희생, 그리고 관계 속에서 의미는 생겨납니다.

청년들이 삶의 의미를 잃어버린 이유

그렇다면 왜 요즘 청년들은 삶의 의미를 찾지 못하는 걸까요? 이는 종종 그들이 자신의 삶을 살지 못했기 때문입니다. 부모가 원하는 길을 따라가며, 부모가 바라는 모습대로 살아온 경우가 많습니다. 부모가 하라는 대로 공부하고, 원하는 대학에 가고, 심지어 부모가 고른 옷을 입는다면, 그것은 부모의 삶이지 자신의 삶이 아닙니다. 자신의 삶이 아닌 삶에서 의미와 가치를 찾기는 어렵습니다. 내 것이어야 소중하고 귀하게 여길 수 있는 법입니다.

뿐만 아니라, 성인이 되어도 결혼이나 집 마련 같은 중요한 삶의 순간을 부모의 도움에 의존했다면, 거기에도 자신의 땀과 노력이 담기지 않았을 가능성이 큽니다. 그렇게 얻어진 것은 나에게 진정한 의미를 갖기 어렵습니다. 내 시간과 노력, 희생이 담긴 것이야말로 진정한 의미를 만들어 냅니다.

삶의 의미를 찾고 싶다면, 나의 삶을 살아야 한다

　남이 원하는 모습이 아니라, 내가 진정으로 원하는 방향으로 나아가야 합니다. 작은 것이라도 내가 선택하고, 내가 노력하고, 내가 이루어 낸 것이 내 삶에 의미를 더해 줍니다.
　때로는 실패할 수도 있습니다. 때로는 시간이 오래 걸릴 수도 있습니다. 하지만 스스로 선택하고, 스스로 이루어 낸 경험들은 어떤 외부의 도움이나 요행으로 얻은 것보다 훨씬 더 큰 가치를 갖습니다.

삶의 의미는 만들어 가는 것이다

　삶의 의미는 주어지는 것이 아닙니다. 노력과 희생 속에서, 그리고 나만의 선택 속에서 만들어지는 것입니다. 삶의 의미가 없다면 그동안 즐거운 일들도 많이 없을 것입니다. 노력, 희생으로 이루어 낸 것이 아니라도 내게 즐거운 무엇인가가 있다면 그것은 의미가 있는 것입니다. 즐겁다는 것은 지금 나에게 좋은 느낌을 주는 것이니 나에게 의미가 있는 것입니다.
　그러니 작은 것이라도 즐거운 일을 만들어 보세요. 음식을 먹으면서 '맛있다.' 하는 좋은 느낌을 느끼고 거기서라도 의미를 느껴 보아야 합니다. 아주 작은 것이라도 내가 해낸 일들은 내게 또한 의미가 있습니다. 내 손으로 한 발, 한 발 걸어가며 얻는 모든 것이, 내 삶을 더욱 빛나고 의미 있게 만들어 줄 것입니다.

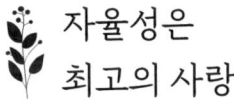
자율성은
최고의 사랑

자율성을 주는 것은 최고의 사랑입니다. 누군가에게 자율성을 준다는 것은 그 사람을 믿고 신뢰한다는 뜻입니다. 자율성을 받은 사람은 스스로 책임감 있게 삶을 살아갈 수 있습니다. 그러므로 자율성을 인정하고 존중하는 것은 단순한 허용이 아니라 깊은 사랑과 신뢰를 주는 것입니다.

특히 자녀를 키울 때 자율성을 주는 것은 자녀를 인격적으로 대하는 방법입니다. 인격적으로 존중받은 아이는 타인을 존중할 줄 아는 성숙한 사람으로 성장합니다. 반면, 자율성이 억압된 아이들은 억눌린 감정이 쌓이게 되고, 이는 결국 삶의 여러 시점에서 다양한 문제로 표출될 수 있습니다.

많은 사람들이 '요즘 부모들이 아이들을 지나치게 과보호하여 버릇없게 만든다.'고 지적합니다. 그러나 실상은 다릅니다. 현대의 부모들은 자녀에게 물질적인 풍요는 제공하지만, 정작 자율성은 빼앗고 있습니다. 아파트 문화와 학업 중심의 생활 방식은 아이들이 자유롭게 뛰어놀고, 스스로 선택할 기회를 제한합니다. 뛰지 말아야 하고, 살살 걸어야 하며, 학원을 다니며 정해진 일정을 따라야만 하는 환경 속에서 아이들은 자신의 속도와 개성을 발휘할 수 없습니다.

어린 시절부터 유치원과 어린이집에서 집단생활을 하며 정해진 시간에 자고 먹고 활동하는 것은 아이들의 자율성을 말살시키는 환경을 만듭니다. 물질적으로는 풍족할지 몰라도, 자율성의 결핍은 아이들에게 깊은 괴로움을 안겨줍니다.

아이들은 자율성을 존중받을 때 진정으로 사랑받고 있다는 느낌을 받습니다. 반대로 자율성이 억압되면 답답함과 고통을 느끼며, 이는 장기적으로 부정적인 영향을 미칠 수 있습니다.

자율성이 억압된 채 자란 아이들은 사춘기에 이르러 자신의 삶을 찾아가기 위해 방황하기도 합니다. 사춘기는 단순히 신체적 변화의 시기가 아닙니다. 사춘기의 혼란은 자율성을 충분히 누리지 못했던 아이들이 자신만의 삶을 시도하려는 과정에서 나타나기도 합니다. 마찬가지로 갱년기 역시 자율적으로 살지 못한 사람들이 억압된 감정을 표출하는 시기가 될 수 있습니다. 폐경과 호르몬 변화는 자연스러운 생리적 과정이지만, 모든 사람이 갱년기를 고통스럽게 겪는 것은 아닙니다. 갱년기의 심리적 고통은 자율성을 누리지 못한 삶에서 비롯된 억압된 분노와 후회의 감정이 올라오는 결과일 수 있습니다.

자율성이 억압된 삶은 결국 치매와 같은 정신적 문제로도 이어질 수 있습니다. 자율성을 배제한 삶은 인간 본연의 권리를 부정하는 것이며, 이는 시간이 지나면 반드시 문제가 드러납니다. 반면, 자율적으로 사는 사람은 자신의 삶을 책임지고, 타인과 조화롭게 살아갈 수 있습니다.

세상의 모든 생명체는 자율적으로 살아갑니다. 들의 백합화도, 공중을 나는 새도 스스로의 방식으로 살아가며 자연의 섭리를 따릅니다. 그런데 만물의 영장인 인간이 오히려 자율성을 억압당한 채 성장한다는 것은 큰 아이러니입니다. 인간은 스스로의 삶을 살 권리가 있으며, 이는 타인과 자신에게 해를 끼치지 않는 범위 내에서 보장되어야 합니다.

    자율성은 최고의 사랑입니다. 자율성을 존중받은 사람은 자신을 사랑할 줄 알고, 타인도 존중할 줄 압니다. 우리 모두가 자율성을 통해 스스로를 사랑하고 성장하며, 서로에게 신뢰와 사랑을 나눌 수 있기를 바랍니다.

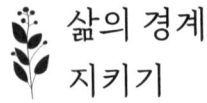
삶의 경계 지키기

오늘날 우리는 "선 넘지 마라."는 말을 자주 듣습니다. 이 말에서의 '선'은 곧 경계를 뜻합니다. 경계는 국가와 개인 모두에게 존재하는 중요한 개념입니다. 국가 간에도 영토, 영해, 영공과 같은 경계가 있으며, 이를 침범할 경우 갈등이나 분쟁이 발생합니다. 마찬가지로 개인 간에도 경계가 존재합니다. 물리적 경계로는 재산이나 방과 같은 공간이 있고, 이를 넘으려면 반드시 허락을 받아야 합니다. 만약 실수로 경계를 넘었다면 양해를 구하고 사과하는 것이 예의입니다.

그러나 경계는 물리적이거나 재산적인 부분에만 한정되지 않습니다. 언어적, 심리적, 그리고 신체적 경계도 중요한 역할을 합니다. 신체적 경계는 우리의 피부가 구분 짓습니다. 너와 나의 경계는 피부입니다. 타인의 피부에 접촉할 때는 반드시 허락을 받아야 하며, 그렇지 않을 경우 이는 신체적 침해나 폭력이 될 수 있습니다. 신체적 경계를 지키는 것은 타인을 존중하는 가장 기본적인 태도입니다.

언어적 경계 역시 중요합니다. 욕설은 상대의 언어적 경계를 침범하는 대표적인 사례입니다. 이러한 언어적 경계 침범은 상대방에게 상처를 줄 뿐 아니라 관계를 해치는 행위입니다. 그러나 많은 사람들이 간과하는 것은 심리적 경계입니다. 심리적 경계를 넘어서는 행동은 때로는 선의로 포장되기도 하지만, 상대방에게 상처를 줄 수 있습니다. 예를 들어, 상대가 요청하지 않은 충고나 조언은 심리적 경계를 침범하는 것입니다. 도움을 주고자 하는 의도가 오히려 상대방을 불쾌하게 하거나 화나게 만들 수 있다는 점을 인식해야 합니다.

경계 안에서 모든 사람은 자유롭게 살아갈 권리가 있습니다. 이는 어린아이에게도 예외가 아닙니다. 어린아이라고 해서 경계를 무시하고 억압하는 것은 옳지 않습니다. 모든 사람은 자신의 경계 안에서 자신만의 속도로 삶을 살아갈 자유를 누려야 합니다.

서로의 경계를 존중하는 것은 결국 우리 모두가 평화롭고 조화로운 삶을 살아가기 위한 기본 원칙입니다. 경계를 인정하고 지킬 때, 우리는 진정으로 서로를 존중하고 사랑할 수 있습니다. 모든 생명은 자신의 경계 안에서 최선을 다하고 있습니다. 그들의 여정을 조용히 지켜보며 기다리는 것이야말로 우리가 할 수 있는 최고의 사랑입니다.

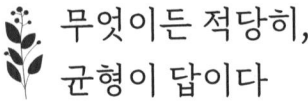
무엇이든 적당히,
균형이 답이다

"자식이 귀하니 귀하게 키워야죠."

많은 부모가 이렇게 생각하며 아이를 사랑으로 감싸안습니다. 특히 저출산 시대에 아이가 하나뿐인 가정에서는 부모의 관심과 애정이 온전히 한 아이에게 집중됩니다. 하지만 귀하게 키운다는 것이 과연 무엇일까요? 과잉보호와 과도한 도움은 진정한 귀함의 의미를 왜곡하지는 않을까요?

아이를 키우다 보면 힘든 일을 대신해 주고 싶은 마음이 들 때가 많습니다. "그건 힘드니 엄마가 다 해 줄게."라는 말은 흔히 들리는 위로일 수 있지만, 아이에게 주는 메시지는 다를 수 있습니다. '너는 이런 일을 감당할 수 없어. 엄마 없이는 아무것도 못 해.'라는 무의식적인 신호가 될지도 모릅니다. 귀하게 키우는 것도 '적당히'가 필요합니다.

'적당히'의 중요성

자동차를 예로 들어볼까요? 자동차는 시속 200km까지 달릴 수 있는 성능을 가졌지만, 그 속도로만 달리면 결국 고장이 나고 맙니다. 반대로 시속 10~20km로만 천천히 달리면 자동차의 기능을 제대로 활용하지 못합니다. 그렇다면 어떻게 해야 할까요? 상황에 맞게, 적절한 속도로 운전하며 자동차의 성능을 최적화하는 것이 가장 현명합니다.

부모의 역할도 이와 같습니다. 아이가 스스로 세상에 나가 자신의 두 발로 걸어가도록 돕는 것이 부모의 본질적인 역할입니다. 힘든 일이나 도전은 아이가 마음의 근육을 키우고, 경험을 통해 지혜를 얻는 과정입니다. 부모가 모든 걸 대신해 준다면, 아이는 세상에서 스스로 살아가는 힘을 기르지 못합니다. 사랑도 미움도 적당해야 합니다.

귀하게 키운다는 것의 진정한 의미

귀하게 키운다는 것은 단순히 힘든 일을 대신해 주는 것이 아닙니다. 그것은 아이의 마음을 이해하고, 정서를 나누며, 공감과 지지를 아끼지 않는 것입니다. 세상은 아름다우면서도 때로는 차갑고, 기쁘면서도 슬픈 일로 가득합니다. 아이가 세상을 살아가며 이 모든 경험을 자신의 것으로 받아들이고 성장할 수 있도록 부모는 적당히 곁에서 돕고 지켜봐야 합니다.

힘든 일을 통해 아이는 자신이 무엇을 감당할 수 있는지 알게 되고, 실패와 성공의 과정을 통해 삶의 교훈을 얻습니다. 그렇지 않으면 아이는 삶의 작은 어려움에도 무너질 수 있고, 스스로를 믿지 못하게 될 것입니다.

균형 잡힌 사랑의 힘

부모는 때로는 꾸짖기도 하고, 경계를 가르치며, 때로는 조용히 아이를 지켜봐야 합니다. 과도한 보호도, 지나친 간섭도 아이를 바르게 키우지 못합니다. 음식의 간을 맞추는 것처럼 사랑도 균형을 맞추는 것이 중요합니다.

아이를 위한 진정한 사랑은 세상을 헤쳐 나갈 힘을 길러 주는 데 있습니다. 아이가 넘어지고, 다시 일어나며, 스스로 배우고 성장할 기회를 주는 것이야말로 귀하게 키우는 것입니다. 우리 아이가 세상을 온전히 경험하며 자신의 길을 찾을 수 있도록, 적당히 사랑하고 적당히 돕고 적당히 지켜보는 지혜를 가져야 하지 않을까요?

균형 잡힌 사랑은 아이를 강하게 만듭니다. 그리고 그 강함 속에서 아이는 부모의 사랑을 진정으로 느낄 수 있습니다.

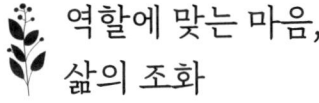
역할에 맞는 마음, 삶의 조화

 마음이란 무엇일까요? 마음은 생각과 감정이 합쳐진 복합체라고 할 수 있습니다. 우리의 내면에서 끊임없이 일어나는 감정과 사고가 모여 마음을 형성합니다. 하지만 이 마음은 단순히 존재하는 것이 아니라, 우리가 맡은 역할에 따라 그 모습을 달리해야 합니다. 삶에서 각자의 역할에 맞는 마음을 내는 것이 개인의 행복과 사회의 안정을 이루는 중요한 원칙입니다.

아이는 아이의 마음으로, 부모는 부모의 마음으로

 아이는 아이로서 부모의 보호를 받고 성장할 권리가 있습니다. 반대로 부모는 부모의 마음을 내어 아이를 양육하고 보호하며, 필요를 채워 주는 책임을 다해야 합니다. 하지만 부모가 자신의 역할을 제대로 하지 못하면 아이가 부모를 보호하려는 마음을 갖게 되고, 결국 역할이 뒤바뀌는 역기능 가정이 생기기도 합니다. 부모가 연약할수록 아이는 부모를 돌보려 하고, 자신을 희생하며 부모의 마음을 대신합니다. 이는 아이에게 심리적 부담을 주고 건강한 성장에 방해가 됩니다.

부부의 역할과 마음

부부는 서로를 존중하며 동행하는 동반자입니다. 이 관계의 중심에는 상대방을 이해하고 협력하려는 마음가짐이 있습니다. 부부는 단순히 가족이라는 틀 안에서 머무는 것이 아니라, 서로의 인격을 인정하며 독립된 존재로서 존중해야 합니다. 이는 부부가 가진 가장 중요한 역할이자 의무입니다.

하지만 부부 관계의 균형은 깨지기 쉽습니다. 배우자를 부모처럼 여기며 무조건적인 돌봄을 기대하거나, 반대로 아이처럼 보호받으려 한다면 관계는 점차 왜곡될 수 있습니다. 또한 부모처럼 배우자에게 잔소리를 하거나 통제하려고 하는 부부도 있습니다. 부부는 서로의 필요를 채워 주되, 각자의 자율성과 성숙함을 유지하는 것이 중요합니다.

이러한 균형은 아이를 양육할 때 더욱 요구됩니다. 육아는 부부가 함께 풀어 나가야 할 과제입니다. 그러나 현실 속에서는 종종 서로를 적군처럼 대하며 대립하고 갈등하는 모습을 보이곤 합니다. 이는 양육이라는 힘든 과정에서 비롯된 오해와 부담 때문일 수 있습니다. 부부는 적군이 아니라 아군임을 기억해야 합니다. 서로의 손을 잡고 함께 고민하며 육아라는 전쟁에서 승리해야 합니다. 부부는 육아전쟁에서 승리하기 위해 함께 아이디어를 내고 전략을 짜는 한편입니다.

부부는 아이에게 안정된 환경을 제공하는 협력자이자, 서로의 삶을 풍요롭게 만드는 동반자입니다. 서로를 이해하고 돕는 노력을 통해 가정은 사랑과 신뢰로 가득 찰 수 있습니다. 서로에게 기대고, 또 기대게 하며 동행하는 부부의 마음은 단단한 기반 위에서 빛을 발합니다. 우리의 사랑과 존중이 아이들에게도 전해져, 더 나은 세상을 만들어 가는 힘이 되기를 바랍니다.

친구로서의 마음

친구는 즐거움을 나누고, 어려울 때 옆에 있어 주는 관계입니다. 친구는 부모가 아니기에 과도한 감정적 부담을 지울 수 없습니다. 힘든 이야기를 털어놓는 것은 자연스럽지만, 그것이 일방적이고 반복적이라면 관계는 금이 갈 수 있습니다. 친구로서의 마음은 상대방의 공간과 감정을 존중하며, 상대가 필요로 할 때 적절히 조언하는 것입니다.

직업에 맞는 마음

직업인은 자신의 직업 정체성을 이해하고 그에 맞는 마음을 가져야 합니다. 의사는 생명을 살리는 마음을, 교사는 학생을 가르치고 이끄는 마음을, 직장인은 맡은 업무에 최선을 다하는 마음을 내어야 합니다. 상사는 직원들에게 공정한 기회를 제공하며 리더십을 발휘해야 하고, 직원은 조직의 일원으로서 자신의 역할을 충실히 수행해야 합니다. 역할에 맞는 마음은 개인과 조직, 더 나아가 사회 전체의 안정과 조화를 이끌어 냅니다.

제자리를 지키는 삶

역할에 맞는 마음을 내는 것은 무조건적인 순종을 뜻하지 않습니다. 이는 자신의 자리에서 최선을 다하는 삶의 태도를 말합니다. 부모는 여전히 부모이고, 자녀는 여전히 자녀로서의 역할을 존중해야 합니다. 자녀가 부모를 존경하지 않고 오히려 부모처럼 잔소리를 하거나 지적한다면, 이는 관계의 불균형을 초래합니다.

우리는 매일 다양한 역할을 맡으며 살아갑니다. 오늘 나는 어떤 역할을 맡고 있으며, 그 역할에 맞는 마음을 내고 있나요? 자신의 역할에 맞는 마음을 내어 자신의 역할을 충실히 할 때, 우리는 자신도 편안하고 주변도 안정적인 조화를 이룰 수 있습니다. 역할에 맞는 마음을 내는 것, 그것이 삶의 균형과 행복을 이루는 첫걸음입니다.

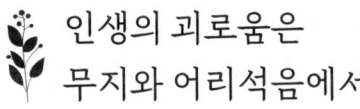
인생의 괴로움은
무지와 어리석음에서

무지와 어리석음

인생의 괴로움은 사람이 나쁘기 때문이 아닙니다. 그것은 자신의 행동이 자신에게 유익한지 해로운지 알지 못하는 무지에서 시작됩니다. 사람은 종종 자신에게 좋다고 믿는 방식으로 행동하지만, 그 결과가 어떤 고통을 가져올지 알지 못합니다.

예를 들어, 자녀를 억압적으로 키우는 부모는 자녀를 잘 키우고 싶다는 마음에서 출발합니다. 그러나 이런 방식이 자녀에게 어떤 영향을 미칠지 알지 못한 채 행동합니다. 결국 아이도 힘들어지고, 그런 자녀를 보며 부모 자신도 괴로워집니다. 더 나아가, 이런 방식이 효과가 없다는 것을 알게 되면서도 다른 방법을 찾기보다는 계속 고집합니다. 이것이 바로 어리석음입니다.

잔소리를 반복해도 자녀가 바뀌지 않는다는 사실을 알면서도 멈추지 못하는 것, 부부싸움에서 같은 말로 상대를 자극하고 반복적으로 절망에 빠지는 것 모두 같은 맥락입니다. 이는 나쁜 의도에서 비롯된 것이 아닙니다. 다만 무지와 어리석음이 우리의 삶을 힘들게 하는 것입니다.

무지는 모르는 데서 오는 실수입니다. 우리가 몰랐기 때문에 잘못된 선택을 하는 것은 누구에게나 있을 수 있습니다. 그러나 무지를 깨닫고도 반복적으로 같은 실수를 한다면, 그것은 어리석음으로 변합니다.

예를 들어, 초콜릿 한 조각의 달콤함이 하루 종일 몸을 무겁게 만들 것임을 알고도 계속해서 초콜릿을 먹는다면, 이는 어리석은 행동입니다. 한순간의 쾌락이나 익숙한 습관에 매달려 자신에게 해로운 결과를 초래하는 행동이 반복될 때, 우리는 그 행동의 굴레에서 벗어나지 못하고 괴로움에 갇힙니다.

난폭운전, 약물남용, 도박, 자해, 혹은 무기력함에 빠져 공부를 포기하는 것들도 모두 같은 맥락에서 자신을 해치는 행동들입니다. 이러한 행동들은 자신뿐 아니라 주변 사람들에게도 고통을 줍니다. 그러나 이 모든 것이 나쁜 사람이기 때문이 아니라, 자신에게 유익한 길과 해로운 길을 분별하지 못하는 무지와, 이를 알면서도 고치지 못하는 어리석음 때문입니다.

어리석음에서 벗어나는 길

어리석음에서 벗어나기 위해서는 자신의 행동 패턴을 면밀히 들여다봐야 합니다.

우리가 하는 행동이 어떻게 시작되었고, 그 행동이 어떤 결과를 초래했는지 파악하는 것이 중요합니다. 이는 마치 화재가 났을 때, 발화

지점이 어디인지, 불길이 어떻게 번져 나갔는지를 찾는 것과 같습니다.

1. 나에게 해로운 행동이 언제 시작되었는지 살펴보십시오.
2. 그 행동이 어떻게 발전하고 나와 타인에게 어떤 영향을 미쳤는지 분석하십시오.
3. 같은 결과를 반복하지 않으려면, 새로운 패턴과 방식을 시도하십시오.

부부 싸움을 예로 들면, 상대가 특정 말에 화를 낸다는 것을 알면서도 같은 말을 반복한다면 그것은 어리석음입니다. 이런 패턴을 인지했다면, 상대를 탓하기 전에 자신이 먼저 새로운 대화를 시도해야 합니다.

인생의 괴로움에서 벗어나려면 지혜로운 선택을 해야 합니다. 지혜란 단순히 알고 있는 것이 아니라, 알고 난 뒤에 다르게 행동하는 것입니다.

어리석은 행동은 결국 자신을 망칩니다. 자신에게 유익하지 않은 행동을 멈추고, 더 나은 선택을 하는 것은 나 자신을 위한 길입니다. 지혜로운 선택은 타인을 위한 것처럼 보일지라도, 결국에는 나 자신을 위한 것입니다.

우리는 종종 어떤 사람은 나쁜 사람이라고 판단합니다. 하지만 실상은 대부분의 경우 그 사람은 어리석을 뿐입니다. 자신의 행동이 어떤 결과를 초래할지 몰랐거나, 알면서도 그 행동을 멈추지 못했을 뿐입니다. 우리가 타인의 어리석음을 나쁜 의도로 단정 짓지 않고, 나 자신의 어리석음 역시 인정할 수 있다면, 그때부터 우리는 괴로움에서 벗어나기 위한 첫걸음을 내딛을 수 있습니다.

이 세상에 나쁜 사람과 좋은 사람이 있다기보다는 지혜로운 사람과 어리석은 사람이 있습니다. 그리고 우리는 경험과 선택을 통해 배운다면 지혜로운 사람이 될 수 있습니다. 아픈 경험을 하고서도 배우지 못하는 것이 어리석음이고 진정한 아픔입니다.

자신의 행동 패턴을 돌아보고, 반복되는 실수에서 벗어나기를 결단하십시오. 이는 단지 괴로움을 피하기 위한 것이 아니라, 더 나은 삶, 더 행복한 삶으로 나아가는 길입니다.

자신에게 유익한 길을 선택하는 것, 그것이 지혜로운 삶의 시작입니다.

죽음 앞에서 우리가 할 수 있는 일

한 송이 꽃이 피기까지는 햇빛, 물, 공기, 온도, 그리고 무엇보다 알찬 씨앗이 필요합니다. 꽃은 피어나고, 시들며, 마지막에는 씨앗을 남깁니다. 그 씨앗은 다 죽은 듯 보이지만, 다시 심으면 싹이 나고 새로운 생명으로 이어집니다. 우리의 삶도 그렇지 않을까요? 인생의 마지막 순간, 우리가 남기고 가는 씨앗은 어떤 모습일까요?

한 사람의 죽음이 사고사이든, 병사이든, 자연사이든, 결국 우리가 남기는 것은 그동안 살아온 삶의 흔적이며, 그 흔적 속에서 남겨질 씨앗, 즉 마음입니다.

떠나며 남기는 씨앗은 무엇일까?

때로는 사람들이 말합니다.
"내가 너 장가가는 것만 보고 가면 좋겠다."
"네가 행복하게 사는 모습을 보고 떠났으면 좋겠다."
이렇게 아쉬움을 남기기도 하고, 때로는 삶에 대한 원망을 품고 떠나기도 합니다. 그러나 죽음 앞에서 가장 중요한 것은 '지나온 삶을 어떻게 마무리하느냐'입니다.

천상병 시인의 시 〈귀천〉은 아름다운 이별에 대해 이렇게 노래합니다.

"아름다운 이 세상 소풍 끝내는 날, 가서 아름다웠더라고 말하리라."

과연 우리는 인생의 마지막 날에 "아름다웠다."고 말할 수 있을까요?

침대 위에서 마지막으로 할 수 있는 일

죽음 앞에서 누구나 거쳐 가는 곳이 한 평 정도의 침대일 것입니다. 아무리 부자여도, 아무리 권력자여도 결국은 병원 침대 한 칸에 의지하여 마지막을 맞이하게 됩니다. 그 침대에 누워 있는 시간이 하루일지, 몇 주일지, 몇 년일지는 사람마다 다를 수 있지만, 그 마지막 자리에서 우리가 할 수 있는 일은 무엇일까요?

아마도 마지막 침대 위에서 할 수 있는 일은 기억하는 것이 유일할 겁니다. 우리는 침대 위에서 살아온 삶을 돌아볼 수 있습니다. 특히, 추억을 떠올릴 수 있습니다. 추억은 단순한 기억이 아닙니다. 마음속에 좋은 감정으로 남아 있는 기억, 그 모든 것이 추억입니다. 산소호흡기를 끼고 있어 말하지 못하더라도, 그 침대 위에서 마음의 사진첩을 열어 소중했던 순간들을 떠올릴 수 있다면, 그 순간조차도 삶은 따뜻할 수 있습니다.

젊음은 힘으로, 나이 듦은 마음으로 산다

젊은 날에는 힘으로 살고, 때로는 돈으로 삽니다. 그러나 나이가 들수록, 우리는 마음속 추억으로 살아갑니다. 추억은 우리가 누군가와 나누었던 따뜻한 순간들, 서로를 바라보며 웃었던 순간들, 그 사람의 마음을 느꼈던 시간들 속에 쌓입니다.

삶에서 우리가 만나 온 사람들, 그들과의 기억 하나하나가 결국 내 마음에 씨앗을 만듭니다. 그리고 그 씨앗이 누군가의 마음속에 심겨지며, 우리의 삶은 죽음 뒤에도 이어집니다.

꽃이 지는 것은 슬픈 일이지만, 그 꽃이 씨앗을 남기고 진다면, 그것은 새로운 시작의 약속이 됩니다.

우리의 삶도 그렇습니다. 내가 이 세상을 떠날 때 내가 받았던 사람들의 마음을 가슴에 품고, 또 누군가의 마음속에 사랑과 따뜻함, 그리고 내 마음이라는 씨앗을 남기고 떠날 수 있다면, 그것은 삶의 아름다운 마무리이자 새로운 시작이 될 것입니다.

"죽음은 끝이 아닙니다. 내가 남긴 씨앗은 존재의 영속성을 따라 다시 피어날 것입니다."

오늘, 추억을 쌓으며, 마음을 주고받기

죽음은 먼 미래의 일이 아닙니다. 우리 모두에게 찾아올 확실한 현실입니다. 그러니 오늘, 내 옆에 있는 사람들과 추억을 쌓으며 마음을 서로 주고받으세요. 마지막 이 땅을 떠날 때 침대 한켠에서 그 추억을 생각할 것이고, 그것이 당신의 가는 길에 미소가 되고 당신의 씨앗이 되고, 그 씨앗이 당신의 삶을 이어 갈 것입니다.

- 지금 사랑하는 사람과 눈을 맞추며 미소를 지으세요.
- 지금 감사한 마음을 표현하세요.
- 지금 당신의 시간을 소중한 사람들과 함께하세요.

삶은 길지 않습니다. 우리가 할 수 있는 일은, 이 짧은 시간 동안 서로 마음을 나누는 것입니다.

죽음 앞에서 우리가 남길 말

오늘 당신이 만들어 갈 추억은 무엇인가요? 오늘 당신이 심을 씨앗은 누구의 마음속에 심어질까요?

지금 당신이 만드는 순간들이, 마지막 침대 위에서 당신에게 미소를 지을 힘을 줄 것입니다. 그 마지막 날, 당신이 추억의 따뜻함 속에서 평안히 떠날 수 있을 것입니다. 사람이 죽는다고 우리의 마음은 없어지는 것이 아니기에 사람의 존재는 영속합니다.

"삶은 꽃과 같아서, 지는 순간에도 씨앗을 남깁니다. 그리고 그 씨앗은 다시 누군가의 삶 속에서 피어납니다."

오늘, 마음이라는 씨앗을 심으세요. 그것이 당신이 떠난 뒤에도 살아남아 이 세상을 더 아름답게 만들 것입니다.

4장 자연에서 삶의 의미 배우기

마음을 알면 삶이 편해진다
ⓒ 신애사, 2025

초판 1쇄 발행 2025년 4월 4일

지은이　　신애자
펴낸이　　이기봉
편집　　　좋은땅 편집팀
펴낸곳　　도서출판 좋은땅
주소　　　서울특별시 마포구 양화로12길 26 지월드빌딩 (서교동 395-7)
전화　　　02)374-8616~7
팩스　　　02)374-8614
이메일　　gworldbook@naver.com
홈페이지　www.g-world.co.kr

ISBN　979-11-388-4137-5 (03180)

- 가격은 뒤표지에 있습니다.
- 이 책은 저작권법에 의하여 보호를 받는 저작물이므로 무단 전재와 복제를 금합니다.
- 파본은 구입하신 서점에서 교환해 드립니다.